声に出して読みたい親鸞

齋藤 孝

草思社文庫

親鸞との対話

親鸞《しんらん》という存在は、いつも自分のかたわらにいてくれる「人生の専属教師」です。教室で先生に教わるのを「一対多」とすれば、家庭教師に個人レッスンを受けるのが「一対一」です。しかも、親鸞は家庭教師であっても、上から目線の「教えてやる」という態度をとりません。

親鸞は事あるごとに自分のことを「愚禿《ぐとく》親鸞」と称しています。愚禿とは「頭を剃った愚か者」という意味です。親鸞は死の間際まで、自分は業《ごう》が深く、罪深い者だからこそ、ひたすらに阿弥陀仏《あみだぶつ》に救いを求める姿勢を貫いています。

そして、「わたくし親鸞は」と一人称で語りかけ、私もあなたたちと同じように迷いの深い人間なのだから、一緒に歩んでいこうと呼びかけています。

法話というと、信仰とは何か、阿弥陀仏の教えとは何かというふうに、どうしても説教くさくなりがちですが、親鸞は「わたしはどう考えるか」「わたしはどう思うか」という語り口に終始して、けっして説教くさくなりません。そこに親鸞の人間的な魅力がありますし、私たちに「では、あなたはどう考えますか」というメッセージを発しています。

私は子どものころ、寝ながら手を組んで「南無阿弥陀仏《なむあみだぶつ》」をとなえると、不思議なことに心も体も落ちついたものでした。自分の身を大きなものに明け渡す感覚が得られるからだと思います。念仏をとなえることは息を吐きつづけることでもありますから、吐く息が中心の呼吸法になることで身心が落ちつくという効果があるのです。

「南無阿弥陀仏」がひらがなの「なむあみだぶつ」(「なもあみだぶつ」とも)になり、「なむあみだ」になり、「なんまいだ」になった変化を見ればわかるように、心をマッサージしてやすらかにする音感が求められたことがわかります。

「南無阿弥陀仏」という念仏は、祈りというより感謝の念仏です。「ああ、ありがたい」と、日ごろのごくあたりまえのことに感謝する言葉が口をついて出てくる。念仏というやさしい行《ぎょう》であるからこそ、日々の暮らしのなかで、すっと出てくる精神の技《わざ》になりえたのだと思います。

精神の技と言うと難しく聞こえるかもしれませんが、心の健康法あるいは心の常備薬と言えばいいでしょうか。念仏は阿弥陀仏という名医が私たちの迷い惑う心を見るに見かねて、救いたいと願って処方してくれた特効薬です。

親鸞の言葉は、どの言葉も似ているように感じるかもしれませんが、それは親鸞の言葉がつねに核心をめぐる一貫した思想だからです。通して読むと、心が染め物になったかのようにしみこんできます。

本文に「誓願《せいがん》」「本願《ほんがん》」という言葉が出てきます。阿弥陀如来《あみだにょらい》は菩薩《ぼさつ》のとき無限と言っていい長い期間修行して四十八《しじゅうはち》の誓願（本願）を立てて如来になったとされます。誓願・本願とはひらたく言えば約束のことです。四十八の約束のうち「念仏往生」（念仏をおこなう者は必ず浄土へ行ける）を説いた第十八願が核心をなすところから、これを指して本願と呼ぶ場合もあります。

親鸞は弥陀の本願は「ひとえに親鸞一人《いちにん》がためなりけり」（ひとえにわたくし一

人を救ってくださるためでした）と語っています。私はこの言葉に初めて出会ったとき、「これってなんだ」と首をかしげつつも、とても面白く思ったものです。

阿弥陀仏の本願は万人に向けたものですから、親鸞ほどの高僧が「わたくし親鸞一人のため」と自己中心的なことを言うはずがありません。その真意は、ひとえに自分のためだと思えるほどに阿弥陀仏への自分の信仰はゆるぎないということにあります。

一つのものを信じたときに、他を排除するということではなくして、これはまさに「自分のためにある」と思えることがあります。「一対多」から「一対一」になって、非常にかけがえのない関係に感じられるようになります。

『ゲーテとの対話』という本があります。これはエッカーマンという青年がゲーテの近くにいて、その言葉を書きとめたものです。この本を読んでいると、自分一人のために書かれたのではないか、ゲーテの言うことが一番わかるのは自分しかいないのではないかと錯覚するところがあります。もちろん思い込みなわけですが、そうした思い込みがあることで、その本への思い入れが深くなり、そこに書かれた言葉が大切なものになり、力を発揮するようになります。

親鸞の言葉を読むときにも、自分一人のために語りかけてくれているという感覚で読んでいくと、その言葉がよりいっそう心にしみこんでくるのではないでしょうか。

読者のみなさんも、「親鸞と対話」することで、そのメッセージを「自分のこと」として受けとめ、「南無阿弥陀仏」をとなえて、心のスイッチを入れ替えてみてください。

そして、ぜひ声に出して読んでください。

カラオケが相変わらず人気ですが、その変わらない人気の要因は、人に聞かせたいという自己主張を超えて、声に出すという行為そのものに陶酔《とうすい》するというか、身をまかせていい気分になれるからだと思います。歌うという行為には、自力を超えた他力の要素があります。

宗教的な教えにも声に出すという要素が多分に含まれています。お経、声明《しょうみょう》、和讃《わさん》、偈《げ》にかぎらず、声に出してこそ宗教的な思いに至ることができると言っていいかもしれません。親鸞の教えも例外ではありません。意味だけをくみとろうとせずに、声に出して読むといっそう感覚がつかめると私は考えています。声に出して読んでこそ親鸞なのです。

齋藤 孝

声に出して読みたい親鸞——もくじ

声に出して読みたい親鸞

1　なむあみだぶつ

南《な》無《む》阿《あ》弥《み》陀《だ》仏《ぶつ》

はかることのできない阿弥陀様。
わたしはひたすらにあなたを信じ、よりたのみます。

親鸞聖人の教えを日本全国に広めた蓮如《れんにょ》聖人は「『南無阿弥陀仏』と申す文字は、その数わずかに六字なれば、さのみ功能のあるべきとも覚えざるに、この六字の名号《みょうごう》の中には、無上甚深《むじょうじんじん》の功徳利益《くどくりやく》の広大なること、更にその極まりなきものなり」（『御文章《ごぶんしょう》』）と説いています。

これは、「南無阿弥陀仏という文字はたった六字だから、それほどすごいはたらきがあると思えないだろうが、この六字の名号には、想像を超えた、私たちを絶対の幸福にする、広大無辺な力があるのだ」という意味です。

私は、南無阿弥陀仏というわずか六字の念仏は人生の伴侶《はんりょ》、伴走者のようなものだと思っています。

言葉が連なれば連なるほど文脈が複雑になり豊かな意味が生まれるのが、ふつうの文章のおもしろさ、よさですが、六字・七音の南無阿弥陀仏は、心を整えるために、つねに自分のかたわらにあるものです。

念仏をとなえることで自分は救われると感じた一番よかったときの心の状

態を、念仏を繰り返すことでいつでもよみがえらせることができる。南無阿弥陀仏はそうした技としての言葉です。

民芸運動家で宗教哲学者の柳宗悦《やなぎむねよし》は「偈《げ》」（仏をほめたたえる詩句）をつくって「心偈《こころうた》」と称しています。

たとえば「**南無阿弥陀仏　イトシヅカ**」。

この偈について柳は、「あらゆる煩悩《ぼんのう》が煩悩のままで静けさを受けとることである。煩悩を断ち切ろうとすれば、それがあらたな煩悩の一つとなって戻ってくる。煩悩は煩悩としておいて、（六字の）名号に身をまかせれば、そのときに決定《けつじょう》して、動くなかに動かない静けさを与えられるだろう。六字の暮らしとは、あれこれと悩むことのない暮らしにひたることである。（念仏の）声や数の大小に六字はいない。静けさそのものこそが六字の本体である」という意味のことを言っています。

2　ただ信心を要とすと知るべし

弥陀《みだ》の本願《ほんがん》には、老少善悪《ろうしょうぜんまく》の人《ひと》をえらばれず、

ただ信心《しんじん》を要《よう》とすと知《し》るべし。

そのゆえは、罪悪深重《ざいあくじんじゅう》、煩悩熾盛《ぼんのうしじょう》の衆生《しゅじょう》を助《たす》けんがための願《がん》にてまします。

阿弥陀仏の衆生を救うという誓いは、老いも若きも、善人も悪人も、わけへだてしません。ひたすら阿弥陀仏の救いを信じることが肝心であると心得なければなりません。

なぜなら、罪深く、心に強い煩悩をかかえて生きる私たちのような者をもらさず救おうとしておこされた願いだからです。

（歎異抄《たんにしょう》）

国際調査によると、今の日本人は自己肯定感が低いという結果が出ています。それは、年間の自殺者が二万人近くに及ぶという数字にもあらわれています。

フロイトは「母親に愛された子どもは生涯、自信を失わない」という意味のことを言っていますが、そうした絶対的に受けとめてくれる母的なるものが、家庭においても社会においても今の日本には失われつつあるのだと思います。

親鸞は、老いも若きも、善い人もそうでない人も、わけへだてなく誰にでも門は開かれているのだから、ひたすら阿弥陀仏の救いを信じなさいというメッセージを発しています。

あれをやってはいけない、これをしてはいけないという道徳意識があっても、あれこれやってしまうのが人間。そんな煩悩まみれの私たちを大きく救ってくださるという絶対的な安心感は絶大です。

「念仏せよ、門はすべての人に開かれている」のです。

3　念仏にまさるべき善なきゆえに

本願《ほんがん》を信《しん》ぜんには、
他《た》の善《ぜん》も要《よう》にあらず、
念仏《ねんぶつ》にまさるべき善《ぜん》なき
ゆえに。

阿弥陀仏の本願を信じる人は、
念仏以外に、どのような善いおこないもする必要は
ありません。
念仏よりも優れた善はほかにないからです。

（歎異抄）

体質改善は「一日にしてならず」で、ひたすら繰り返して、身に刻み、意識に定着させ、習慣化しないと達成できません。信仰を心の体質と考えると、心の体質改善にも習慣化が大切になります。

そのために何を繰り返せばいいのか。親鸞はこれについて、じつにシンプルな答えを用意してくれています。**「あれこれやる必要はない、あれこれ頭**

を悩ます必要はない、ひたすら『南無阿弥陀仏』と念仏をとなえなさい。それ以外には何もおこなう必要はない」

何百冊も本を読んで勉強するとなると、多くの人は、立派なことでも、自分にはできないと二の足を踏んでしまいますが、二六頁の言葉のように背中を押してくれると、念仏ならできるかもしれない、と誰でも思います。それも「南無阿弥陀仏」の六字です。「なんまいだ」にしたらわずか五音。これならできるとなれば、繰り返す。繰り返していけば、身に刻まれ、心に定着します。

不安、後悔、焦り、迷い、欲など、今の社会には、自分の心をコントロールできないで悩んでいる人がたくさんいます。そんなとき、一つのことでもひたすら繰り返せば、それをきっかけに心の体質改善ができるというのは一筋の光です。

安定した心の状態をもたらしてくれる、それが念仏の徳なのです。

4　念仏して地獄に堕ちたりとも

たとい法然聖人《ほうねんしょうにん》にすかされまいらせて、念仏《ねんぶつ》して地獄《じごく》に堕《お》ちたりとも、さらに後悔《こうかい》すべからずそうろう。

たとえ法然聖人にだまされて、念仏して地獄に堕ちたとしても、わたしは少しも後悔しません。

（歎異抄）

師である法然聖人（源空《げんくう》）にだまされて念仏したことで地獄に堕ちたとしても後悔しない。「**だまされて地獄に堕ちたとしても**」と言われたら誰でも驚きます。しかし、ここで親鸞が言おうとしたのは、師の言っていることを絶対的に信じるということです。

前頁の言葉の少し前に、「**法然聖人のお言葉を信じて**（**よき人の仰《おお》せを被《かぶ》りて**）**念仏する以外に浄土に生まれる格別の手立てはないのです**」とあるように、信じたかぎりは絶対にゆらがないという親鸞の覚悟の表明とも言えるものです。

　私が教えている明治大学には、本当は他の大学に行きたかったという学生が少なからずいます。そんな不満を持っている学生に私は、「君たちは明治大学に来た以上、明治大学の名を高からしめるようにやってくれ」と、入学式のときから、迷いを断ち切って覚悟を決めるように迫ります。

　迷いを断ち切って、ここが自分の居場所なんだ、ここで生きていくんだというふうに心が定まると、人は強くなれるものです。そして、信じてやってみたら、道が開けるということがあります。

　芸能の世界では、ある師匠についたなら、他の流派に行くという選択肢はふつうはありません。その流派が世界のすべてなのだと思うのはあたりまえのことです。学校や会社でも、ろくに歩んでもみないでだめだと決めつけずに、与えられたところで信じてやってみようと思うとき、親鸞の「覚悟の決め方」は手本になります。

5　功徳の宝海みちみちて　煩悩の濁水へだてなし

本《ほん》願《がん》力《りき》にあいぬれば
むなしくすぐるひとぞなき
功《く》徳《どく》の宝《ほう》海《かい》みちみちて
煩《ぼん》悩《のう》の濁《じょく》水《すい》へだてなし

本願のはたらきを信じれば、
むなしく時を過ごす人はなく、
宝の海のように功徳がその身に満ちて、
煩悩の濁れた水も仏へのさまたげにならない。

（高僧和讃《こうそうわさん》）

親鸞は高僧のなかでもとくに和讃を多くつくっています。その数、五百を超えます。和讃はひらがなに漢字を交えた七五調の歌で、仏や高僧や教典の徳をほめたたえた讃歌です。

親鸞の和讃を見ると、漢字に読み方や意味が書きそえてあって、誰でも読めるようになっています。一人でも多くの人のために、なかでも漢字の読めない衆生《しゅじょう》のために工夫をこらしています。

この本では、ところどころで親鸞和讃をとりあげています。右頁に原典を、左頁に現代語訳を載せました。和讃には親鸞の教えが凝縮されています。声に出して読むことで親鸞の教えを味わってください。

6　地獄は一定住処ぞかし

いずれの行《ぎょう》もおよびがたき身《み》なれば、

とても地《じ》獄《ごく》は一《いち》定《じょう》住《すみ》処《か》ぞかし。

わたしは念仏以外にいかなる行もできない身ですから、地獄以外に住むところはないのです。

（歎異抄）

ふつうは自分が地獄へ行くと考える人は少ないと思います。地獄は悪いことをした人が堕ちるところだと。

ところが、自分が求めてきたものすべてを「よき人」法然聖人にあずけた親鸞は、「地獄には堕ちない」とは言いません。

「念仏は浄土に往生する種をまくことになるのか、地獄に堕ちるおこないになるのか、まったくわたしの知るところではない」が、それでも自分は法然聖人に従って念仏するしかないと言っています。

これを磨くしか救われる道はないと考え、「**地獄は一定住処ぞかし**」と自分を思ってみる。自分は何にすがって生きるのだろうと考えたとき、たとえば野球選手ならバントの技を磨いて生き抜こうとか、取り立てて才能がないから優れた人についていくしかないと覚悟が定まり、やる度合いが徹底する。すると、なんでも選択できる人や、才能がないわけではないからとうろうろしている人よりも、ずっといい結果に至るという、ある種のパラドックスがあります。

東大に進学する学生には二つのパターンがあって、小さいころから頭がいいと言われて、そのまま調子に乗って進学するタイプと、自分はふつうにやったのでは並み以下でしかないから、東大しかないと思い定めて努力を積みあげていくタイプです。

どちらも魅力があるのですが、すごいなと思うのは、「自分には才能がないからこれしかない」と思い定めた人間の強さです。親鸞の魅力もそこにあるのだと思います。

7　むなしくすぐとぞときたまう

誓願《せいがん》不思議《ふしぎ》をうたがいて
御名《みな》を称《しょう》ずる往生《おうじょう》は
宮殿《くでん》のうちに五百歳《ごひゃくさい》
むなしくすぐとぞときたまう

阿弥陀仏のお誓いになった他力を疑って、
自力の念仏をとなえて
浄土に往生しようとする者は、
浄土の辺地《へんじ》（胎宮《たいぐう》）に生まれて、
五百年という長い年月を
むなしく過ごすことになる。

（浄土和讃《じょうどわさん》）

辺地＝疑いを持つ者がとどまるところ

8　捨てんとも、面々の御はからいなり

詮《せん》ずるところ、愚《ぐ》身《しん》の信《しん》心《じん》におきては、かくのごとし。このうえは、念《ねん》仏《ぶつ》をとりて信《しん》じたてまつらんとも、また捨《す》てんとも、面《めん》々《めん》の御《おん》はからいなり。

つまるところ、愚かなわたしの信心は、いま申したとおりのものです。このうえは、念仏して往生させていただくという教えを信じようとも、念仏を捨てようとも、あなたがた一人ひとりのお考えしだいです。

（歎異抄）

親鸞は人間心理に長《た》けた「距離感の名手」だと思います。

「**念仏往生の教えを信じようと信じまいと、それはみなさんのお考えしだいです**」と、けっして押しつけません。

最後の選択を相手にまかせることで、それを受けた人が、自分で踏み出さなければならないと思うようになる。

やりなさい、やりなさいと強要するより、ずっと効果的です。

宗教者にせよ、学者にせよ、政治家にせよ、才能があって主張が強ければ強いほど、他の人を説得しにかかります。

ところが親鸞は、なんとしても信者を染めあげようとか、骨の髄まで教育しようとはしません。念仏以外にないのですから、そもそも教えることがないとも言えます。

親鸞が念仏にあこがれている姿を見た者が「ああ親鸞聖人はいいな」とあこがれる。この「あこがれにあこがれる」という関係を可能にしたのが、絶妙な不即不離の距離感です。

9　善人なおもって往生を遂ぐ、いわんや悪人をや

善人《ぜんにん》なおもって往生《おうじょう》を遂《と》ぐ、いわんや悪人《あくにん》をや。

善人でさえ浄土に往生することができるのですから、
ましてや悪人が浄土に往生できないことはありません。

（歎異抄）

悪人こそ救われるという、『歎異抄』でもよく知られた言葉です。

これを初めて読んだ方は首をかしげるのではないかと思いますが、親鸞がここで言おうとしたのは、阿弥陀仏は誰にでも救いの手を差しのべてくれるけれども、その救いの手をつかみたいと思う必死さ、切実さが強い者ほど救われる度合いも強くなる。自分は罪深い人間であるという自覚が強いほど、往生の道は近いということです。

私たちはふつうに暮らしていて、阿弥陀仏にすがりたいとはそれほど切実に思わないわけですが、たとえば会社でリストラに遭《あ》って失職したとなると、何かにすがりたいと切実に思うようになります。この場合はもちろん罪を犯したわけではありませんが、すがる思いは一段と強いわけです。

悪いことをした覚えはないけれど、思いあがりや傲慢《ごうまん》さがあったのではないか、知らず知らずに罪を犯していたのではないか、そんなふうに自分を見つめ直し、煩悩にまみれた愚か者だと思い定めたとき、救いの手をつかむことになるのです。

ドストエフスキーの『罪と罰』の主人公ラスコーリニコフは高利貸しの老婆を殺せば借金に苦労している人が救われるという身勝手な理屈で殺人を犯しますが、罪の自覚があいまいです。ところが、彼よりも惨憺《さんたん》たる生活を送る娼婦のソーニャが家族のために尽くす生き方に心をうたれ、彼女に救いを求め、最後には自首します。信仰が道徳的なものとちがうところは、善い悪いを超えたところでの救いにあります。

10　思うがごとく衆生を利益する

浄土《じょうど》の慈悲《じひ》というは、念仏《ねんぶつ》して、いそぎ仏《ぶつ》になりて、大慈大悲心《だいじだいひしん》をもって、思《おも》うがごとく衆生《しゅじょう》を利益《りやく》するをいうべきなり。

浄土の慈悲とは、念仏をとなえて、すみやかに仏となれる身にさせていただき、そのうえで大いなる慈悲の心によって、思いのままにすべての者に救いの手を差しのべることを言います。

（歎異抄）

「いそぎ仏になりて」と聞くと、死に急ぐことで**「浄土の慈悲」**を得ると思いがちですが、その真意は、ただちに**「信心を決定《けつじょう》」**して弥陀に救われることでいずれ仏になれる身に今なる。それによって慈悲の心をいただくことができるということです。

「聖道《しょうどう》の慈悲とは生きとし生けるものをあわれみ、いとおしみ、はぐくむことであるが、思いどおりに救うことはきわめて困難なことである」と、人間の慈悲には限界があるが、いずれ仏になって衆生を救うという考え方を持つこと自体がすでに慈悲の心を持つことになるというのです。

この言葉から宮沢賢治の『永訣《えいけつ》の朝』を思いうかべました。「うまれでくるたて／こんどはこたにわりやのごとばかりで／くるしまなあよにうまれてくる」（今度生まれてくるときは、こんなに自分のことだけで苦しまないようにうまれてくる）と祈って逝った妹トシに賢治は、「おまえがたべるこのふたわんのゆきに／わたくしはいまこころからいのる／どうかこれが兜卒《とそつ》の天《てん》の食《じき》に変《かわ》って／やがてはおまえとみんなとに／聖《きよ》い資糧《しりょう》をもたらすことを／わたくしのすべてのさいわいをかけてねがう」と祈っています。

賢治の妹が生まれ変わることに思いをめぐらせて多くの衆生にご利益《りやく》をもたらす存在になりたいと願ったように、ジョン・レノンが『イマジン』で国境のない世界になったらどんなにいいだろうと想像しようと訴えたように、今そこにないものに思いをはせるのは現実逃避ではなく、意外に現実を変える力を持っているのです。

11　みなもって世々生々の父母兄弟なり

父《ぶ》母《も》の孝《きょう》養《よう》のためとて、一返《いっぺん》にても念《ねん》仏《ぶつ》申《もう》したること、いまだそうらわず。そのゆえは、一切《いっさい》の有《う》情《じょう》はみなもって世《せ》々《せ》生《しょう》々《じょう》の父《ぶ》母《も》兄《きょう》弟《だい》なり。

亡き父や母の追善供養のために、一度でも念仏したことはありません。というのは、生きとし生けるものはすべて、遠い過去から今までのいずれかの世で、何度となく生まれ変わり死に変わりするあいだに、ときに父母となり、ときに兄弟姉妹となってきたからです。

（歎異抄）

ブッダはさまざまな思いを断ち切って「犀《さい》の角《つの》のようにただ独《ひと》り歩め」と、執着からの離脱を説いています。

親鸞も四九頁の言葉にあるように、父や母の供養のために念仏したことはないと言い切っています。ただし、親鸞は断ち切れとは言わずに、自分は執着するようなことはしませんという言い方をしています。

儒教の伝統にのっとれば、祖先の供養は孝行の最たるものです。それをあっさり否定した親鸞の真意は、生きとし生けるものはすべてつながっていて、ときに父や母となり、ときにきょうだいとなってきたのだから、自分の両親のためにだけ念仏するのはおかしいのではないかということにあります。

今ここにいる自分も、はるか昔にアフリカに起源して、さまざまなDNAが混合して今に至っているわけですから、そう考えると、大きくはナショナリズム、身近では利己心のようなものは、執着する意味がないことになります。

12　法身の光輪きわもなく　世の盲冥をてらすなり

弥陀成仏《みだじょうぶつ》のこのかたは
いまに十劫《じっこう》をへたまえり
法身《ほうしん》の光輪《こうりん》きわもなく
世《よ》の盲冥《もうみょう》をてらすなり

阿弥陀仏が一切の衆生を救いたいと
願いを発して仏になられたのは、
十劫という気の遠くなるような昔。
その光明はあまねく照り透り、
煩悩の闇に惑う私たちを一人残らず
真実に目覚めさせてくれる。

（浄土和讃）

劫＝ほとんど無限ともいえるほどの長い時間の単位

13　親鸞は弟子一人も持たずそうろう

親鸞《しんらん》は弟子《でし》一人《いちにん》も持《も》たずそうろう。

わたくし親鸞は一人の弟子も持っていません。

（歎異抄）

若いころにこの一文を読んで、かっこいいなと思ったことがあります。徒党《ととう》を組みたくなるのが人間なのに、一人の弟子も持たないと言い切っているところに、親鸞の魅力を感じたからです。

しかし、この言葉を書きとめた唯円《ゆいえん》は「自分は弟子ではないのか。であるならば何なのか」とさぞかしまごついたことでしょう。

宗教は弟子の数で勢力が決まるという一面がありますから、勧誘は欠くことができません。ところが親鸞にはそうした利己的な野心がありません。自分の信仰はすべて阿弥陀仏のはからいによるものだから、自分が中心にいるわけではない。だから「私は師ではない」から「弟子もいない」となるのです。

親鸞にすれば法然聖人は師にあたりますが、その師をも「よき人」という呼び方をしています。

ソクラテスを尊敬していたプラトンは、ソクラテスが非業《ひごう》の死を遂げたことに憤《いきどお》って『ソクラテスの弁明』を著しましたが、ソクラテスとプラトンの関係は、師弟という閉じられた関係ではなく、真理の究明に向かって共に歩む友人あるいは同志といったものでした。

「共に歩む」姿勢は人を惹《ひ》きつけます。学校の部活指導でも、「教えてやるからついてこい」よりは、「おれは野球が好きでたまらないから、一緒にこのすばらしさを味わおう」という姿勢のほうが生徒がついてくるということがあります。

親鸞の魅力は、自分を尊大に見せることがなく、権力志向もないところにあります。

14　仏恩をも知り、また師の恩をも知るべきなり

如来《にょらい》よりたまわりたる信心《しんじん》を、わがもの顔《がお》にとりかえさんと申《もう》すにや、かえすがえすもあるべからざることなり。自然《じねん》のことわりにあいかなわば、仏恩《ぶっとん》をも知《し》り、また師《し》の恩《おん》をも知《し》るべきなり。

阿弥陀如来からたまわった信心を、自分が与えたものであるかのように思い、取り返そうとでもいうのでしょうか。そのようなことは、けっしてあってはなりません。阿弥陀仏の本願のはたらきにおまかせすれば、おのずからその大きな恩もよくわかり、また師の恩もわかることでしょう。

（歎異抄）

「お茶が入《はい》りました」という言い方は日本語独特の表現です。お茶を淹《い》れましたとなるところを、まるで雨が降るように日が照るように、ひとりでにお茶が入ったかのように言う。

親鸞もこの「ひとりでに」ということをさかんに言っています。親鸞には、本当の真理、正しいことはひとりでにあらわれてくる（**自然《じねん》のことわり**）という考えがありました。

信心は阿弥陀仏からいただいたものだから、それをあたかも自分の思想であるかのように語ったり、自力で得たものだと思ってはいけない。すべてをおまかせすれば、おのずから仏の恩、師の恩を知るだろうというのです。

親鸞は弟子を一人も持たないと言っているように、縁あって同じ念仏という易行《いぎょう》の道を行くことになったのだから、付くべきときは付き、離れるべきときは離れてかまわないとして、けっして「私から離れたらだめになる」という上から目線の人ではなかったのです。

15　憶念の心つねにして　仏恩報ずるおもいあり

弥陀《みだ》の名号《みょうごう》となえつつ
信心《しんじん》まことにうるひとは
憶念《おくねん》の心《しん》つねにして
仏恩報《ぶっとんほう》ずるおもいあり

念仏をとなえつつ、
阿弥陀仏の本願を疑うことなく信じる人は、
つねに心に本願を忘れずに、
仏の御恩に感謝する思いは尽きない。

（浄土和讃）

16 念仏者は無礙の一道なり

念《ねん》仏《ぶつ》者《しゃ》は無《む》礙《げ》の一《いち》道《どう》なり。

阿弥陀仏の救いを信じて念仏する人は、いかなるものにもさまたげられない、ただひとすじの道を行くものです。

（歎異抄）

子どものころ、なにかというと「バリアを張る」遊びがはやったことがあります。バリアを張ると手を出せないことになっていました。

念仏は少しバリアに似たところがあります。阿弥陀仏の救いを信じて念仏する人は、なにものにもさまたげられず、あらゆる障害のない（無礙《むげ》の）ひとすじの道を晴れ晴れと歩んで行くことができる、と念仏する喜びや自由な境地が静かに語られています。

ある考えに染まってのぼせあがってしまったとか、あのときああしなければよかったのにと後悔することがありますが、念仏する者は毎日、南無阿弥陀仏をとなえることで悪いものが入りにくい。念仏をとなえていれば悪いものが寄ってこないというバリア的なイメージがこの言葉から湧いてきます。

日本では「汚《けが》れを祓《はら》う」ということが事あるごとに言われてきました。祟《たた》りや怨霊《おんりょう》など魔が差したときにそれを祓う手段がさまざまあったわけですが、親鸞は、そんな手段などいらない、ただ念仏の一行《いちぎょう》でよいとして、伝統的な考え方を取り払ってしまったという点で、一見穏やかそうでいて、じつは革新的な人物だったと言えるのかもしれません。

しかも、念仏だけでいいというかたちに収斂《しゅうれん》されると、僧侶が存在価値を失いかねないわけですから、みずから言っているように親鸞は「**僧にあらず、俗にあらず**」の人だったのです。

17　念仏は行者のために非行・非善なり

念《ねん》仏《ぶつ》は行《ぎょう》者《じゃ》のために
非《ひ》行《ぎょう》・非《ひ》善《ぜん》なり。（中略）
ひとえに他《た》力《りき》にして、自《じ》力《りき》を離《はな》れたる
ゆえに、行《ぎょう》者《じゃ》のためには非《ひ》行《ぎょう》・非《ひ》善《ぜん》なり。

念仏は、となえる者にとって修行でもなく善行でもありません。（中略）念仏は、ひとえに阿弥陀仏の他力本願のはたらきによるもので、自力を超越していますので、となえる者にとっては、修行でも善行でもないのです。（歎異抄）

念仏は修行や善行としてお勤めするものではない、と親鸞は言い切っています。

念仏は自力を超えたところにある。念仏をしている「私《わたくし》」が取り払われてしまって、念仏をするという行為だけがそこにある。それは阿弥陀仏の他力本願のはたらきによるもので、自分が主体になってやっているものではないというのです。

そこまで自分というものを消し去るというのは、禅につながるものがあります。

禅は自力の行ですが、道元が「**仏道をならうというは、自己をならうなり。自己をならうというは、自己を忘るるなり**」と言っているように、自分を忘れたところにさとりがある。だから身心を脱落させるためにひたすら坐禅をせよということですから、「ひたすら念仏」と「ひたすら坐禅」のちがいはあるにせよ、自分への執着を断って、自分を忘れたところにさとりが開けるという点では近いものがあるのです。

18 いよいよ往生は一定と思いたもうべきなり

天《てん》に踊《おど》り、地《ち》に躍《おど》るほどに、よろこぶべきことをよろこばぬにて、いよいよ往《おう》生《じょう》は一《いち》定《じょう》と思《おも》いたもうべきなり。

天に踊り地を踏んで躍りあがるほどに喜んでいいはずなのに喜べないのは、ますます間違いなく浄土に往生させていただけるしるしであると思うのです。

（歎異抄）

弟子の唯円に「念仏をとなえても、跳びあがって喜ぶほどの喜びを感じないのですが大丈夫でしょうか」と訊《き》かれた親鸞は「わたしも同じだよ」と答えています。

先生が生徒や学生に、あるいは会社で上司が部下に、「達成感や充実感を感じないんですけど」と訊かれたとき、「自分も同じだよ」とはなかなか答えられないと思います。そんなときに「それはまだ勉強や仕事に対する覚悟が足りないからだよ」という言い方はできるかもしれませんが、親鸞はそれすらも口にしません。

その真意は、本当に自分たちができた人間なら、念仏をとなえて喜びで躍りだしたくなるほどだろうが、悲しいことに煩悩が深いわれわれはそこまでの喜びを感じることができない。だからといって、救われないのではないかと悲観することはない。凡夫《ぼんぶ》(「ぼんぷ」とも)であればあるほど救われるのだから私と一緒でいいではないかということです。

そんなふうに言われると、自分に甘えて努力しなくなるのではないかと思われがちですが、ひとたびそのように共感すると、そんなに喜びを感じなくても、間違いなく救われるとなれば、またやってみようかという気になるのです。

親鸞はけっして、意気地がない、だらしないというふうには説教しません。唯円への語り口も、このうえなく配慮されていて、とりあげる例も的確です。一人ひとりにこのように丁寧に語っていたかと想像すると、あらためて優れた語り手だったと思わされます。

19　念仏には、無義をもって義とす

念仏《ねんぶつ》には、無義《むぎ》をもって義《ぎ》とす。不可称《ふかしょう》・不可説《ふかせつ》・不可思議《ふかしぎ》のゆえに。

他力の念仏においては自分勝手な意味づけをしてはいけません。

念仏は私たちの分別や思いを超えたもので、口で言うこともできず、言葉であらわすこともできず、心で思いはかることもできない不思議なものだからです。

(歎異抄)


念仏というものがなぜそんなに効果があるのですか、なぜ南無阿弥陀仏という言葉なのですかと追究して、そこに論理的な説明を求めても仕方のないことだと親鸞は言っています。

人間には、「理性ですべてが理解できる」という野望が脈々と流れています。ところが現実には、生まれ落ちる先も縁で決まりますし、結婚もいろいろな偶然が重なって決まることが多い。ほとんどの事柄が私たちのコントロールの外にあります。

このように私たちは理性で説明できないことが多々ある世界に生きていると考えれば、念仏が無義というか、説明不能だからといって驚くにはあたりません。

念仏は気がついたときにはいつもやっていることになりますから、知識というよりは自然に身についたものになっています。では、それがどう効果があるかというと、言葉では説明しがたい効果、持続による効果のようなものがある。その目に見えない効果によって、体にいいという感じ、心にいいという感じが生まれてくる。それは自力中心の人、論理中心の人には感得できないものです。

昔から「縁」を大切にするという考え方がありますが、それは私たちには計り知れないものがあることを受け入れて、がんじがらめの自意識から離れてみることなのかもしれません。

20　仏の御名をきくひとは　ながく不退にかなうなり

たとい大千世界《だいせんせかい》に
みてらん火《ひ》をもすぎゆきて
仏《ぶつ》の御名《みな》をきくひとは
ながく不退《ふたい》にかなうなり

たとえこの広い世界が炎に満ちていたとしても、
その火のなかをくぐりぬけてでも
仏の名号を聞きわけて信じる人は、
必ず仏となるように定まった身となる。

（浄土和讃）

21 なにの学問かは往生の要なるべきや

本《ほん》願《がん》を信《しん》じ念《ねん》仏《ぶつ》を申《もう》さば仏《ぶつ》になる、そのほか、なにの学《がく》問《もん》かは往《おう》生《じょう》の要《よう》なるべきや。

本願を信じて念仏する者は、必ず救われて仏になります。浄土に往生するためには、そのほかにどのような学問も必要としません。

（歎異抄）

親鸞は事あるごとに易行《いぎょう》と難行《なんぎょう》のちがいを説いています。

易《やさ》しい行とは、念仏という誰にでもたやすくおこなえる行のことです。**「文字の一つも読めず、経典などの道筋が理解できない人がとなえやすいようにと、『南無阿弥陀仏』の名号が選ばれたのですから、念仏をとなえて救われる浄土門を易行というのです」**と言っています。

それに対して難しい行とは、**「学問を旨《むね》とするは聖道門《しょうどうもん》なり、難行と名づく」**とあるように、浄土に往生するには学問（仏教の勉強）を必要とするというものです。
文字の読めない大衆、勉強が苦手な大衆にとっては、「**念仏する以外にはどのような学問も必要としません**」と言われたら、それだけで救いだったはずです。

ピカソは、子どものときすでに上手に絵を描けたが、今のように子どもが描いたように描けるようになるのに何十年もかかった、と晩年に言っています。絵を描くことの本質は絵を描く楽しみにあるのであって、必ずしも上手に描くことではないというのです。

親鸞もシンプルに信心の本質を言います。浄土に往生するには、救いを信じて念仏する以外には何も必要としないにもかかわらず、あれこれ頭を悩ませ、言いつのって浄土に往生することから遠ざかるのであれば本末転倒である。念仏往生という本質をずばっとつかんで離すな、と言っています。

親鸞はここで学問を頭から否定しているのではなく、信仰の要《かなめ》をきちんと伝えることになによりも重きをおいたのです。

22 われらがためには最上の法にてまします

われらがごとく、下根《げこん》の凡夫《ぼんぶ》、一文不通《いちもんふつう》の者《もの》の、信《しん》ずれば助《たす》かるよし、うけたまわりて信《しん》じそうらえば、さらに上根《じょうこん》の人《ひと》のためには賤《いや》しくとも、われらがためには最上《さいじょう》の法《ほう》にてまします。

私どものようにみずからさとる力のない愚かな者でも、文字の一つも読めない無学の者でも、阿弥陀仏の本願を信じて念仏するだけで救われるということをお聞かせいただいて、そのように信じておりますので、あなたがたのように優れているお方にはつまらない教えでありましても、私どもにとっては、このうえなくすばらしい教えなのです。

（歎異抄）

親鸞の大著『教行信証《きょうぎょうしんしょう》』（『顕浄土真実教行証文類《けんじょうどしんじつきょうぎょうしょうもんるい》』）を読むと、信仰の先達《せんだつ》の言葉やお経の引用がたくさんあって、猛烈に勉強していたことがわかります。

しかし、勉強をいろいろしたけれども、結局行き着いたのは念仏だった。法然聖人と出会って念仏という易行に目覚めて救われたという思いが、七九頁の言葉に率直にあらわれています。

親鸞は自身を、罪深く、愚かな迷いに翻弄《ほんろう》されている人間（下根の凡夫）だと認識しています。

ですから、優れた人（上根の人）にとっては、「南無阿弥陀仏」をとなえることが仏道の本質とはとても思えないだろうが、才能がないだけでなく、難しい行に励もうという気になれない凡夫にとっては、阿弥陀仏の本願を信じて念仏するのは最上の法なのです、と言い切れたのです。

23 さわりおおきに徳おおし

罪障功徳《ざいしょうくどく》の体《たい》となる
こおりとみずのごとくにて
こおりおおきにみずおおし
さわりおおきに徳《とく》おおし

罪・障《さわ》りと念仏の功徳とは
氷と水のようなもの。
氷が大きければ、融けたときの水も多くなる。
罪や障りが大きければ、
功徳もまた多いことになる。

（高僧和讃）

24　宿善のもよおすゆえなり　悪業のはからうゆえなり

よき心《こころ》のおこるも、宿《しゅく》善《ぜん》のもよおすゆえなり。悪事《あしきこと》の思《おも》われせらるるも、悪《あく》業《ごう》のはからうゆえなり。

たまたま善い心がおこるのは、過去の世での善いおこないがそうさせるのです。悪い心がおこるのも、過去の世での悪いおこないによるのです。

（歎異抄）

一読すると、善いも悪いもすべて過去の世のおこないによるとして、自分が責任をとる必要はないというふうにとりちがえかねません。

しかし、親鸞が言おうとしたのは、善いことをしたのは過去の世の善いおこないがたまたまそうさせただけで、あなたの自力、才能や努力がさせたものではないから思いあがらないように。悪い心がおこったのも、あなたのせいではないから落ち込まないように。順境の人も逆境の人も視野を広げれば、自力によるものでない点では同じなのだから、図に乗ったり、うつむいたりせずに、阿弥陀仏のはからいにすべてをおまかせして前を向きましょう、というのです。

ここには、私たちは過去の業《ごう》のようなものに左右されているはかない存在なのだという認識が見てとれます。

たとえば子どもが難病で死んでしまった。自分は悪いことをしていないのになぜそうなるのか。実存主義からすれば「この世は不条理」ということになりますが、不条理の理由を理性的に考えようとしても解答は得られませんし、やすらぎも得られません。

そうではなくて、自責の念から離れて、もっと大きなとりはからいととらえることで、視野を広げて心をゆったりさせることができるのです。

個性や才能がないといっては悩み、自分の鼻の高い低いに悩む私たち凡夫が、劣等感や自尊心や虚栄心や競争心から解き放たれた境地に至るには、善悪の心さえも自分のものではないという親鸞の徹底した思考がヒントになります。

25　わが心の善くて殺さぬにはあらず

なにごとも、心《こころ》にまかせたることならば、往《おう》生《じょう》のために千人《せんにん》殺《ころ》せと言《い》わんに、すなわち殺《ころ》すべし。しかれども一人《いちにん》にてもかないぬべき業縁《ごうえん》なきによりて害《がい》せざるなり。わが心《こころ》の善《よ》くて殺《ころ》さぬにはあらず。

どのようなことでも、自分の思いどおりにできるのであれば、浄土に往生するために千人を殺せとわたしが言ったときに、すぐに殺すことができるはずです。しかし、一人も殺すことができないのは、殺すべき縁がないからです。

自分の心が善いから殺さないわけではありません。

（歎異抄）

親鸞は弟子の唯円に、なんでも自分の心まかせにできるのなら、千人殺せと言われたらできるはずだが、一人すら殺すことができないのは、殺すべき因縁がそなわっていないからだ。だから、殺すまいと思っても殺してしまうこともある、と言っています。

私たちが思っている善や悪をなす意志そのものが、思っているほど確かなものではなく、すべては本願の不思議なはたらきによって救っていただくのだから、自分の意志でなんとでもなるという思いあがりそのものを捨てなさいというのです。

親鸞は教師として非常に優れた人物だと思います。「**わたしの言うことに背《そむ》かないか？　だったら往生のために千人を殺せるか**」と難題を投げかけ、弟子が「**一人ですら殺せません**」と答えると、「**だったらなぜわたしに背かないなどと言ったのか**」とダメを押すことで、聖人の言うことなら何でも従いますという安易な態度を正しているのです。

26 もってのほかのことにそうろう

煩《ぼん》悩《のう》具《ぐ》足《そく》の身《み》をもって、すでにさとりをひらくということ、この条《じょう》、もってのほかのことにそうろう。

さまざまな煩悩をそなえた身のままでこの世でさとりを開くというのは、もってのほかです。

（歎異抄）

真言密教では即身成仏《そくしんじょうぶつ》と言って、修行をして肉身のままで究極のさとりを開き、仏になるとしています。

それについて親鸞は、それは難しい行であり、賢い人がやることによって得られるさとりである。空海《くうかい》聖人のような人であればできるが、私たちはそういう人間ではないので、この世でさとることはあきらめましょう、ときっぱり宣言しています。

生きているあいだにさとりたいと願うのは人情です。実際、ゴータマ・ブッダは菩提樹《ぼだいじゅ》の下でさとりを開いていますし、さとりを開くように人にも勧めています。

しかし親鸞は、この世でさとりを開こうと思わなくていい、そう思うのは傲慢ではないか。私たち凡夫は阿弥陀仏にすべてをあずけて、浄土に往生することを願えばいいと説いているのです。

親鸞が生きた時代には、今よりはるかに多くの人たちが、この世でさとることにあこがれすら抱いていたと思います。しかし、なかなかさとりが得られないことに焦りを感じ、学問も修行もできないことに劣等感を感じていたとすれば、親鸞の言葉は、そうした追い立てられる気持ちを解放してくれるものだったはずで、目を開かれる思いだったろうと想像されます。

ただでさえ迷いの多い私たちが、現世でさとりを開かなければとさらに迷うことにくらべれば、自力を捨ててすべてをまかせることで得られる安心感は大きな救いです。

27　弥陀の心光摂護して、ながく生死を隔てける

金剛堅固《こんごうけんご》の信心《しんじん》の、さだまるときを待《ま》ちえてぞ、弥陀《みだ》の心光摂護《しんこうしょうご》して、ながく生死《しょうじ》を隔《へだ》てける。

金剛石（ダイヤモンド）のように、けっしてこわれることのない確固とした信心が定まるとき、阿弥陀仏は私たちを慈悲の光明におさめとられて護《まも》られ、ふたたび迷いの世界を流転するようなことはけっしてありません。

（歎異抄）

仏教には「確固とした」「堅固な」を意味する「金剛」という言葉がたびたび出てきます。

親鸞も「びくともしない確かな信心が定まったとき、阿弥陀仏はおさめとってお捨てにならないのですから、二度と迷いの世界を生まれ変わり死に変わりして流転するようなことはありません」と言っています。

しかし、「**このように承知することがさとりを開くことと同じであると混同するならば、それは大きな誤りです**」と言っているように、信心が定まることとさとりを開くこととはちがいます。

この世において煩悩を断ち、罪悪を滅することはきわめて難しいので、「**徳の高い僧であっても、やはり来世においてさとりを開くことを祈ります**」とあるように、この世でさとるのは器量が大きい者でも難しいが、信心が定まりさえすれば、来世でさとりを開くことが保証される。信心が定まることで来世でさとりを開くことが保証されるとなれば、心はやすらぎます。

この世ですべてけりがつくわけではないと思い定めることは、心の健康法とも言えます。

プロのスポーツ選手や芸術家になりたかったけれど、無理なことがわかって途中であきらめた。まっとうはできなかったけれども、スポーツや芸術を愛する気持ちに変わりがなければ、あきらめたことを後悔したりせずに、前向きに歩んでいくことができるのです。

28　無眼人とぞなづけたる　無耳人とぞのべたまう

大聖易往《だいしょういおう》とときたまう
浄土《じょうど》をうたがう衆生《しゅじょう》をば
無眼人《むげんにん》とぞなづけたる
無耳人《むににん》とぞのべたまう

釈尊は弥陀の浄土を勧め、
本願のはたらきに乗ずれば
往きやすいところだと説かれた。
その浄土を疑って信じない者は、
目があってもなきに等しい者、
耳があってもなきに等しい者と戒められる。

（浄土和讃）

29　本の心をひきかえて、本願をたのみまいらする

弥陀《みだ》の智慧《ちえ》をたまわりて、日《ひ》ごろの心《こころ》にては、往生《おうじょう》かなうべからずと思《おも》いて、本《もと》の心《こころ》をひきかえて、本願《ほんがん》をたのみまいらするをこそ、廻心《えしん》とは申《もう》しそうらえ。

阿弥陀仏の智慧をいただき、これまでのような心がけでは浄土に往生できないと思って、それまでの自力の心を捨て、阿弥陀仏の本願のはたらきにおまかせすることです。これを回心《えしん》（廻心）と言うのです。

（歎異抄）

回心というのは、悔い改めて正しい道に入るという意味で、『平家物語』にも「ゑ《（え）》しんすれば往生をとぐ」（仏を信じ、回心〈改心〉すれば浄土に行くことがかなう）とあります。

「悔い改めよ」というとキリスト教を思いうかべますが、阿弥陀信仰では、懺悔《ざんげ》というような厳しいイメージはありません。

回心したら往生できる、しかもその回心は、今のままの心では往生できないと思い知っておすがりする、つまり一心に念仏すればいいということですから、阿弥陀信仰で言う回心は、これまでの暮らしを一変させるわけでも、人格をがらりと変えるわけでもありません。

思いあがりを捨てておすがりすることで、ふっと肩の力が抜けて自然に変わっていくというイメージでしょうか。

思いあがりを捨てるのは、小さいことのようでいて、非常に大きな変化をもたらします。

東日本大震災による原発事故なども、人間の思いあがりや油断を戒める機会となり、自然に対する思いや生きるかまえがかなり変わったのではないかと思います。

30　これ自然なり

ただほれぼれと弥陀《みだ》の御恩《ごおん》の深重《じんじゅう》なること、つねに思《おも》い出《い》だしまいらすべし。しかれば念仏《ねんぶつ》も申《もう》されそうろう。これ自然《じねん》なり。

我を忘れて、ただほれぼれと阿弥陀仏のご恩の深く重いことをいつも思わせていただくのがよいでしょう。そうすればおのずと念仏が口をついて出てくるのです。これが自然《じねん》、つまり「おのずとそうなる」ということです。

（歎異抄）

信仰と言うと、これを読まなければいけないとか、お勤めしなければならないというように、しなければならないという義務感がどうしてもつきまといます。

これに対して親鸞は、「**なにごとにもこざかしい考えをはさまず**」に、心がふーっと誘い込まれて、ああいいな、ありがたいな、「ありがたや、ありがたや」と手を合わせるような気持ちになれば、おのずと念仏が口をついて出てくる、と言っています。

民俗学者の宮本常一《つねいち》が『忘れられた日本人』や『家郷《かきょう》の訓《おしえ》』に書いたころの日本人は、今日ご飯を食べられるのはお天道様のおかげです、お百姓さんのおかげですというように、「おかげさまで」とよく言っていました。「ありがたや」「おかげさま」の世界に生きていた当時の人たちは、今の人にくらべれば、何々のおかげですという気持ちをごく自然に持っていました。

ここで親鸞が言っていることは、それと近いところがあるのではないかと思います。古代エジプトで太陽を神格化して崇《あが》めたように、阿弥陀仏のはたらきをはっきりと自覚できていないかもしれないけれど、天の恵みや人の優しさ、めぐり合わせなど、すべては私たちを包み込む何か大きな力のおかげだと思い至れば、念仏がおのずと口をついて出るということです。

日本の風土が恵みの大きい自然であったことが、親鸞の信仰がしみこんでいった背景にあるのかもしれません。

31 宮商和して自然なり

清風宝樹《しょうふうほうじゅ》をふくときは
いつつの音声《おんじょう》いだしつつ
宮商和《きゅうしょうわ》して自然《じねん》なり
清浄勲《しょうじょうくん》を礼《らい》すべし

さわやかな風が
七種の宝石で輝く浄土の林をそよぐとき、
五音を奏《かな》で、
その調子はおのずとよく調和して自然である。
清らかで香気《こうき》ただよう弥陀を崇めよう。

（浄土和讃）

いつつの音声　＝　古代中国の五音の音階
宮・商　＝　五音のうちの音階名

32　辺地に生じて、うたがいの罪を償いてのち

信《しん》心《じん》欠《か》けたる行《ぎょう》者《じゃ》は、本《ほん》願《がん》をうたがうによりて、辺《へん》地《じ》に生《しょう》じて、うたがいの罪《つみ》を償《つぐの》いてのち、報《ほう》土《ど》のさとりをひらく。

信心に欠ける念仏者は、阿弥陀仏の本願を疑うことによって、真実の浄土の片ほとりにある仮の浄土に往生して、本願を疑った罪を償ったのち、あらためて真実の報土においてさとりを開くことができるのです。

（歎異抄）

辺地《へんじ》というのは「仮の浄土」のことで、信心に欠ける者はそこにいったん往生して、阿弥陀仏の本願を疑った罪を償ったのちに、真実の報土・浄土に至ってさとりを開ける、と親鸞は言っています。いわば、真実の浄土に至る「飛び石」のようなものです。

親鸞が「仮の浄土」という「ワンステップ」をどういう思いで語ったかを

想像してみます。信心を得ていない人でも真実の浄土に往生できると言い切ってしまうと、阿弥陀仏の本願を信じている人との差がなくなってしまいます。だからといって、「あなたは信心に欠けているから浄土に往生できないのです」と突き放すこともできない。

そこで、「この世で阿弥陀仏の本願のはたらきに本当には目覚めなかった人でも救いの道はそなわっている。一歩足を踏み入れたならば大丈夫なのですから安心しなさい」というふうに励ましているのです。

西洋では疑う心こそ理性のはたらきと思われていました。デカルトも「疑え」「自分で考えて検証しろ」と言っています。これとは対照的に、信心や信仰は疑わずに受け入れることによる心の変化とも言えます。

信仰とはちがいますが、上司による自分の評価が低いとき、上司の判断力を疑うのではなく、これも何かのはからいかもしれないから勉強しなおそうと受けとめてみる。相手が悪いのだと疑ってばかりいて現状維持がつづいてしまうというのは、じつはよくあることです。

33　ひとえに親鸞一人がためなりけり

弥陀《みだ》の五劫思惟《ごこうしゆい》の願《がん》をよくよく案《あん》ずれば、ひとえに親鸞一人《しんらんいちにん》がためなりけり、されば、それほどの業《ごう》を持《も》ちける身《み》にてありけるを、助《たす》けんとおぼしめしたちける本願《ほんがん》のかたじけなさよ。

阿弥陀仏が五劫もの長いあいだ熟思を重ねて立てられた本願をよくよく考えてみますと、ひとえにわたくし親鸞一人を救ってくださるためでした。わたしはそれほどに罪深い身であるにもかかわらず、救おうと思い立ってくださった阿弥陀仏の本願の、なんとありがたいことでしょうか。

（歎異抄）

阿弥陀仏の本願がじつは自分一人のためだった。これは聞きようによっては自己中心的な考え方に思えますが、自分一人のためだと思えるほどにありがたいという気持ちが強ければ強いほど、自分の心をやすらかにしてくれる度合いも決まるというのです。

本屋でなにげなく買った本が、あたかも自分一人のために書かれた本だと思うような体験が少なからずあるはずです。思い込みなわけですが、そういう思い込みがおきるほどに自然であり、なおかつ思い込みがあることによってその本への思い入れが深くなり、その本の言葉を大事にする。すると、そこから力を得るという循環が生まれます。

「阿弥陀仏」対「衆生」ではなく、親鸞は「阿弥陀仏」対「自分」という一対一の関係としてとらえ、一般論ではなく「わたくし親鸞は」と一人称で語ることによって、「自分の問題として考えるように」という手本を示しています。

34　ただ念仏のみぞ実にておわします

善悪《ぜんまく》のふたつ、総《そう》じてもって存知《ぞんち》せざるなり。

（中略）煩悩具足《ぼんのうぐそく》の凡夫《ぼんぶ》、火宅無常《かたくむじょう》の世界《せかい》は、よろずの言《こと》、みなもってそらごと、たわごと、実《まこと》あることなきに、ただ念仏《ねんぶつ》のみぞ実《まこと》にておわします。

わたしには、何が善で、何が悪なのか、まったくわかりません。（中略）あらゆる煩悩を身にそなえている凡夫には、燃えさかる家のようにたちまち変転するこの世において、あらゆることはむなしくいつわりであり、真実と言えるものはなに一つありません。そうしたなかにあって、ただ念仏だけが真実なのです。

（歎異抄）

大企業に勤めていても明日はどうなるかわからない。まさに親鸞の言う変転する今の日本で、自分のものさしで善い悪いを決めたところで、逆にどんどん追い込まれていくことになりかねません。

親鸞が生きた鎌倉時代は、疫病や飢饉など命をめぐる状況はもっと厳しかったはずです。

親鸞はそんな時代に生きる人たちに、今日真実だと思ったことが明日は偽りになるかもしれないのだから、私と同じように煩悩にまみれたあなたたちは、善悪をいちいち自分で判断するような思いあがりは捨てて、念仏をとなえなさい。心のうちに信心という確かな安心感を持っていれば生き抜くことができる、と呼びかけています。

今の日本でも、心の内に覚悟を持ちつつ、個々の状況においては善悪を決めつけずに「ゆらぎ」のなかで生き抜いていこうとするのは一つのあり方だと思います。

35　その一人は親鸞なり

我歳《わがとし》きわまりて安養浄土《あんにょうじょうど》に還帰《げんき》すといえども、和歌《わか》の浦《うら》の片雄浪《かたおなみ》の、よせかけよせかけ帰《かえ》らんに同《おな》じ。
一人《ひとり》居《い》て喜《よろこ》わば二人《ふたり》とおもうべし、
二人《ふたり》寄《より》て喜《よろこ》わば三人《みたり》と思《おも》うべし、
その一人《ひとり》は親鸞《しんらん》なり。

まもなくわたくしの今生《こんじょう》は終わるであろう。一度は弥陀の浄土へ還《かえ》るけれども、寄せては返す波のようにすぐに戻ってくる。一人でいるときは二人、二人でいるときは三人と思ってほしい。うれしいときも悲しいときも、けっしてあなたは一人ではない。いつもそばにわたくし親鸞はいるのだから。

（御臨末御書《ごりんまつのごしょ》）

「愚禿《ぐとく》　親鸞　満九十歳」のときのこの言葉は親鸞の言葉か定かでないという説もありますが、私は親鸞らしい言葉だと思っています。

自分は浄土に行くが戻ってきて悩み苦しむ人たちと共にいると言われると、『千の風になって』ではありませんが、師の死を見届けた弟子たちにとっても大きなエネルギーになったはずです。上下関係で教えを説くことはしないが一緒に歩んでいくという姿勢は人を支える力になり、励みになります。

先生と生徒の関係でも、一緒にできるようになろう、一緒にやってみようとなったときに雰囲気が変わります。私が小学四年のとき、書道が好きで好きでたまらない先生に生徒があこがれて、自分たちも書道が好きになったということがありました。

マイケル・ジャクソンが歌う「I'll Be There」を聴いたファンは、彼が実際に横にいてくれなくても、一緒にいてくれるという一体感だけでも気持ちがちがってきますし、エネルギーも湧いてきます。「I'll Be There」は四国遍路で言うところの「同行二人《どうぎょうににん》」です。

36　五濁悪世のわれらこそ　自然の浄土にいたるなれ

五濁悪世《ごじょくあくせ》のわれらこそ
金剛《こんごう》の信心《しんじん》ばかりにて
ながく生死《しょうじ》をすてはてて
自然《じねん》の浄土《じょうど》にいたるなれ

迷いを離れる縁もない
五濁悪世に生まれた私たちこそ、
弥陀の真実の信心だけによりたのんで、
永久に生死流転の迷いを捨て去り、
願力に乗じておのずから浄土に至るのです。
（高僧和讃）

五濁悪世＝末世。五つの汚れに満ちた悪い世

37 識浪しきりにうごき　妄雲なおおおう

定水《じょうすい》をこらすといえども
識浪《しきろう》しきりにうごき、
心月《しんげつ》を観《かん》ずといえども
妄雲《もううん》なおおおう。

わたしの心はなぜあの湖のように静まらないのか。心にさとりの月を眺めようとしても、煩悩に覆われて見ることができないでいる。

（嘆徳文《たんどくもん》）

親鸞は九歳で出家して二十年目の二十九歳のとき、修行に励めば励むほど絶対に救われないわが身を知らされて比叡山を下りる決意をします。右頁の言葉にはそのときの嘆き悲しみが率直に吐露《とろ》されています。

これにたたみかけるように、「今、**一息切れたら、千載《せんざい》というほどの長いあいだ、大苦悩のつづく無間《むげん》地獄に、まっさかさまに堕ちてゆかねばならない**」と、みずからを奮い立たせています。

親鸞は、波立つ心を抑えることができず、煩悩に覆われてさとりの月を観ることができずに煩悶《はんもん》しながら、それまでの修行を見つめることで突き抜けた先で法然聖人の教えを得て、「南無阿弥陀仏」に行き着いたのです。

心理療法の一つにフォーカシングという方法があります。自分の心に何かはわからないけれど引っかかるものがある。そうしたときに、心の中を見つめて、あれでもないこれでもないと一つひとつ消去していくと、気分を重くしていたのはこれだったのかと、正体が見えてくるというものです。

親鸞もフォーカシングをしていたのではないでしょうか。

「本願を信受《しんじゅ》するは前念命終《ぜんねんみょうじゅう》なり、即得《そくとく》往生は後念即生《ごねんそくしょう》なり」

阿弥陀仏の本願がまことだったと受けとめたとき、迷いの命がいったん死ぬと同時に、往生の光明の世界に新しく生まれるのである、と親鸞は言っています。

明鏡《めいきょう》止水《しすい》の境地とまではいかなくとも心のかまえが一転するのです。

38　定むべからず

われとして浄土《じょうど》へまいるべしとも、また地獄《じごく》へゆくべしとも定《さだ》むべからず。

自分から「浄土に行くことができそうだ」と決めてはなりませんし、「地獄に堕ちるかもしれない」と決めてもなりません。

（執持鈔《しゅうじしょう》）

善行を積んでいるから浄土に往生できるだろう、罪を犯したから地獄に堕ちるかもしれないというのは思い込みにすぎない。悪いことをしていないと思っても、地獄行きに値するようなことをしているかもしれないし、地獄へ堕ちるような罪の深い人ほど回心《えしん》すれば救われるのだから、自分で決めたつもりになっても意味はない。浄土か地獄かの迷いにわずらわされずに、阿弥陀仏のはからいにおまかせしなさい、と親鸞は言っています。

自分の選択によって生きるという自覚を持って生き抜くという実存主義的な考え方がありますが、親鸞に言わせれば、死んだらどうなるかのような大きな問題であればあるほど、阿弥陀仏におまかせして、一心に念仏をとなえることで自力の呪縛《じゅばく》から解き放たれたほうが楽になれるし、覚悟が定まるというのです。

私は大学受験のとき、一年間、限界までやりとげて試験が終わったら、合格・不合格などどちらでもいいという境地に至ったことがありました。オリンピックのために四年間がんばったけれどメダルをとれなかった、あと一歩で高校野球の頂点に立てなかったというとき、結局勝ち負けというのは「**定むべからず**」と考えると、最終的な結果はともかく、何かを託すことができる、あずけることができるほどに一途《いちず》になることが大事なのだと思い至ります。

右か左かを決めないと乗り切れないと決めつけないで、「定むべからず」という生き方があることを知るべし、です。

39　七宝の獄にぞいりにける

自力諸善《じりきしょぜん》の人《ひと》はみな
仏智《ぶっち》の不思議《ふしぎ》をうたがえば
自業自得《じごうじとく》の道理《どうり》にて
七宝《しっぽう》の獄《ごく》にぞいりにける

自力の善行で往生を願う人はみな、
仏の智慧の不思議を疑っているので、
みずから業をつくって
みずから報いを得るがごとく、
七宝に囲まれていながら
心は解き放たれない牢獄に囚われる。

（正像末法和讃《しょうぞうまっぽうわさん》）

40　平生の一念によりて往生の得否は定まれる

平《へい》生《ぜい》の一《いち》念《ねん》によりて往《おう》生《じょう》の得《とく》否《ふ》は定《さだ》まれるものなり。

つね日ごろの信心によって、往生が定まるか否かが決まるのです。

（執持鈔）

小学六年生のとき、校長先生が朝礼で「平生《へいぜい》の努力」「平素《へいそ》の努力」という言葉を使って話されたことがありました。文脈から「普段からの」「日常の」という意味はわかったのですが、そんな表現よりもずっと力強さを感じたものです。

右頁の「**平生の一念**」の前後には、「**平生の業《ごう》にひかれて地獄に必ず堕《お》つべし**」というように「平生」という言葉がたびたび出てきます。「平生の一念」は現代語訳では「つね日ごろの信心」としましたが、このように力のある言葉は、「平生の一念」で覚えてしまいたいものです。

一二八頁の言葉の手前に「**機根**《きこん》（修行の能力や仏の教えを理解する度量）**が劣っているからといって卑下**《ひげ》**してはならない。仏には機根の劣ったものを救う大慈悲がある**」「**修行が十分でないからといって、浄土に生まれることを疑ってはならない**」とあるように、才能や知識のあるなしは言い訳にならない。平生の一念が浄土に生まれることを約束する行為なのだから、迷いに呑み込まれてはならないと説いています。

先の校長の話は、中野君という生徒が毎朝七時から校庭で二百メートルを十周すると決めて一日も欠かさずにやり、学校のある静岡から東京に行ってまた戻ってくる距離を走っていたのを見ていて、平生の努力が大切ですと話されたのです。引退したイチロー選手の現役時代の活躍も天賦《てんぷ》の才よりも誰にもまさる努力に裏打ちされていました。

一段ずつ階段を上がることでとんでもないところに行き着くことができる。まさに平生の一念が得否を分かつのです。

41　臨終まつことなし、来迎たのむことなし

臨《りん》終《じゅ》まつことなし、来《らい》迎《ごう》たのむことなし。信《しん》心《じん》のさだまるとき往《おう》生《じょう》またさだまるなり。来《らい》迎《ごう》の儀《ぎ》式《しき》をまたず。

臨終を待って往生できるかどうかが決まるわけではありませんし、臨終のときに来迎をたのむこともいりません。信心が定まったときに往生も定まっているのですから、お迎えの儀式を必要としないのです。

（末燈鈔《まっとうしょう》）

来迎図というものがありますが、私も臨終のときにはこの図に描かれているように、阿弥陀仏が菩薩たちを従えてお迎えに来てくれるといいと思います。ところが親鸞は、信心が定まった瞬間に浄土に生まれることも定まるのだから、臨終を待ってお迎えをたのむ必要はない、と説いています。阿弥陀仏に救いとられた人は、往生する身に定まるのだから、臨終がどうであれ、来迎はまったく問題にならないというのです。臨終＝来迎ではなく、信心＝来迎なのです。

今ここで覚悟が決まれば、この先何がおこっても救われることに決まっているというふうに考えると無敵です。ニーチェも『ツァラトゥストラはかく語りき』で、一瞬一瞬に「そうなのか」「然《しか》り」と受けとめることで覚悟が定まるという意味のことを言っていますが、覚悟がぴしっと決まって、これならば自分は今後何があっても救われるというか、大丈夫と思えたとしたら、人生はずいぶんと安心の境地に遊べるのではないでしょうか。

孔子は『論語』のなかで「仁《じん》は遠からんや。我《われ》仁を欲すれば、ここに仁至る」と言っています。「仁とはそれほど遠くにあるのだろうか？　いや、われわれが仁を欲すればすぐここにあるのが仁なのだ」という意味です。はるか遠くではなく、今思い立てばもうそこに仁があるというのは、「**信心が定まったときに往生も定まる**」に通じます。

覚悟を定めた瞬間に結果が決まるという、因果同時の発想がこの言葉にはあります。

42　わが身のわるければ　わがこころよければ

わが身《み》のわるければ、いかでか如《によ》来《らい》むかえたまわんとおもうべからず。（中略）わがこころよければ往《おう》生《じょう》すべし、とおもうべからず。

自分は愚か者だから、如来が浄土に迎えてくださるだろうかと思いわずらってはいけません。（中略）自分は心正しい者だから、必ず浄土に生まれることができるだろうと思ってもいけません。

（末燈鈔）

初めの一文のあとには、「**愚かな人はもとより煩悩をまとっていますから、自分を悪いものと認めればよいのです**」、二つめの一文のあとには、「**自力のはからいで真実の浄土に生まれることはできないのです**」とあります。

自分が善い悪いという観点から浄土に往生できるかどうかを考えるな。自分の運命を自分で判断するような自力の考え方から離れなさい。自分の愚かさを認めて吹っ切れなさい、と言っています。

親鸞の言う自力を捨てよというのは、自己中心性を脱することと言い換えていいかもしれません。

成熟とは元来、自己中心性を脱していくプロセスです。スイスの心理学者ジャン・ピアジェは、自分の視点、自分中心に物事を考えることから脱して、他の視点から物事を見る、客観視できるようになるのが成熟の証《あかし》であると言っています。

自分をよく思いたがったり、必要以上に低く評価するという自分中心の尺度からきっぱりと離れて吹っ切れるというのは「成熟のルール」でもあるのです。

社会的に成功した人、会社などの組織で成功した人の言葉を読むと、成功の要因は結局は自分の尺度の外にあったと語っていることが多いものです。あるところまでいくと、何が成功で何が失敗かわからないところがあって、力を尽くして仕事をして、人に喜んでもらえればそれが一番だというところに行き着く。それはある意味、さとりに近い心境なのかもしれません。

43　とかくのはからいなきを申し候

わが身《み》をたのみ、わがはからいのこころをもて、身口意《しんくい》のみだれごころをつくろい、めでとうしなして、浄土《じょうど》へ往生《おうじょう》せんとおもうを、自力《じりき》と申《もう》すなり。（中略）他力《たりき》と申《もう》し候《そうろう》は、とかくのはからいなきを申《もう》し候《そうろう》なり。

わが身をたのみ、自分の小賢《こざか》しいはからいの心で、身《からだ》と口《くち》と意《こころ》の乱れをつくろい、ことさら立派そうに振る舞うことで浄土に生まれようと思う、これを自力と言います。（中略）他力とは、みずからのはからいを捨てて、人が推しはかることのできない仏のはからいにおまかせすることを言います。

（末燈鈔）

私たちは何事も自分の力でするのがいいと思いがちですが、この世は不条理なものですから、努力しても報われないことがたくさんあります。

ですから、自力という考えを中心にすえると、努力ということではいいかもしれませんが、納得できないことが増えることになりかねません。

一代で大企業を築いた松下幸之助も、自分の才覚でできることなどたかが知れている、結局はいいも悪いも運なのだ、と言っています。

人が推しはかることのできない仏のはからい、つまり他力に目覚めることによって、つらいことがあったときや悩みから脱出できないで惑っているときに、それを心の奥底に封じ込めることなく受けとめる態勢が生まれます。

今の時代のようにストレスの多い状況では、がんばろうと思えば思うほど蟻地獄にはまっていき、がんばる気持ちが湧かない自分に嫌悪するという悪循環におちいりかねません。

ここから抜け出すには他力の考え方が力を発揮するのかもしれません。

44　摂取不捨の利益にて　無上覚をばさとるなり

弥陀《みだ》の本願信《ほんがんしん》ずべし
本願信《ほんがんしん》ずるひとはみな
摂取不捨《せっしゅふしゃ》の利益《りやく》にて
無上覚《むじょうがく》をばさとるなり

弥陀の本願を信じましょう。
本願を信じる人はみな、
必ず救ってくださるという誓いのとおり、
浄土に往生して仏のさとりを得るのです。

（正像末法和讃）

45 信をはなれたる行なし

行《ぎょう》をはなれたる信《しん》はなし。
信《しん》をはなれたる行《ぎょう》なし。

念仏をともなわない信心はありえません。
信心をともなわない念仏もありえません。
（末燈鈔）

親鸞は、念仏（行）と信心（信）は表裏一体のセットだから、どちらが欠けてもいけない、と説いています。

念仏は「身体」でおこなう行為、信心は「心のあり方」です。

滝に打たれるというような行は毎日のようにはできませんが、念仏は誰にでもたやすくおこなえる易行《いぎょう》ですから、日々の暮らしのなかで心が整わないときでも、念仏やお経をとなえれば、心がふたたびついてきます。

まさに「身」と「心」は一体です。

これは礼の考え方にも通じます。儒教の教えでは、かならず「起立、礼」

で先生に向かって礼をします。先生も「起立、礼」で生徒に向かって礼をします。礼をすると、武道でもそうですが、お互いに尊敬し合って、この空間を大切にしようという気持ちが生まれます。

ところが、礼をするときに心がともなっていないと、形式に流れて、空間を共有することができません。

プロの料理人は包丁を粗末にせずに、こまめに包丁研ぎをします。それは切れ味をよくするためですが、自分が心を込めて研いだ包丁を持つと、それだけで気持ちがきりりと引き締まるといいます。

プロフェッショナルの人というのは、仕事に入るときに自分なりの行のようなものがあって、そのスイッチを入れると気持ちがすっと入っていくということがあります。

自分なりの「行」と「信」を不可分に持っている人がプロの仕事人には多いような気がします。

46　阿弥陀仏の薬をつねに好みめす身となり

もとは無明《むみょう》のさけに酔《え》いふして、貪欲《とんよく》・瞋恚《しんい》・愚痴《ぐち》の三毒《さんどく》をのみ好《この》みめしおうて候《そうら》いつるに、仏《ぶつ》の誓《ちか》いを聞《き》きはじめしより、無明《むみょう》の酔《え》いもようよう少《すこ》しずつさめ、三毒《さんどく》をも少《すこ》しずつ好《この》まずして、阿弥陀《あみだ》仏《ぶつ》の薬《くすり》をつねに好《この》みめす身《み》となりておわしまし。

（あなた方は）以前は愚かな心の迷いの酒に酔って、貪《むさぼ》りと怒りと愚痴の三つの毒だけを好んで食べていましたが、弥陀の誓いを聞きはじめてから、心の迷いの酔いもしだいに醒《さ》め、三つの毒も少しずつ遠ざけて、阿弥陀仏の誓いの薬をつねに好んで服用する身となっておられるのです。

（末燈鈔）

弥陀の信仰に目覚めたのちに思いかえすと、なぜあんなにむさぼったり、怒ったり、愚痴を言っていたのだろう。愚かな迷いがそれほどに心をむしばんでいたことを、酒を飲むという人間の嗜好を比喩にして、じつに効果的に語っています。当時の人だけでなく、今の人にもずっと入ってくる言葉ではないかと思います。

野口整体を始めた野口晴哉先生が、自著のなかで、催眠術を勉強したのは術をかけるためでなく、「みんなお互いに暗示し合って、相手を金縛りにしているじゃないか。……人間はもっと自由なはずなんだ。だから僕のやって来たことは……すでに金縛りになっているものを、どうやって解くかということだ。暗示からの解放だよ」と書いています。

金縛りになっている身心をときほぐすというのは、親鸞の言う「三つの毒をも少しずつ遠ざけて、阿弥陀仏の誓いの薬をつねに好んで服用する身となる」に通じるものがあります。

47　つねにわが身をてらすなり

煩悩《ぼんのう》にまなこさえられて
摂取《せっしゅ》の光明《こうみょう》みざれども
大悲《だいひ》ものうきことなくて
つねにわが身《み》をてらすなり

煩悩にさまたげられて、
私たちを救わずにはおかない仏の光明を、
目をとじて見ようとしない。
仏の大慈悲はそのような私たちを
倦《う》み疲れることなく、
つねに照らしてくださる。

（高僧和讃）

48 浄土にて必ず必ず待ち参らせ候うべし

この身《み》は、いまは、としきわまりて候《そうら》えば、さだめてさきだちて往生《おうじょう》し候《そうら》わんずれば、浄土《じょうど》にて必《かなら》ず必《かなら》ず待《ま》ち参《まい》らせ候《そうろ》うべし。

わたしはすっかり年をとってしまいましたので、きっとあなたに先だって浄土に生まれるでしょうから、浄土で必ず必ずお待ちいたしましょう。

（末燈鈔）

孔子は「われいまだ生を知らず、いずくんぞ死を知らんや」（生きるということがいまだに理解できないのに、死というものがわかろうか）と、死後の世界については語らないという意味のことを言っています。これはこれで立派な態度ですが、迷える衆生にとっては、「死後のことはわかりません」と言われるよりも、「お互いに浄土を信じましょう、一足先にそこでお待ちしていますよ」と言われるほうが、ずっとやすらかな気持ちになれたのではない

かと思います。

この世以外には何もないという考え方をとると、この世の意味がつまらなく思えたり、この世がすべてだと思うことで、死が非常に怖くなることがあります。これだけ時代が進んでもみんなが不安のなかにいることを思うと、浄土に生まれるという考え方が一つあることで、ずいぶん多くの安心が生みだされるのではないでしょうか。

愛するペットが死んだことでうつ気味になったり、立ち直れなくなってしまうペットロス症候群があります。ペットは飼い主の心をやすらげてくれる存在なのに、それがダメージのもとになってしまったら、死んだペットも浮かばれません。けれども、先に浄土に行って待っていてくれる、私もいずれ行くからというふうに思えば、ペットロス症候群も軽くてすむのではないかと思います。

浄土信仰のもつ安心のための常備薬という効能は、これからますます必要になってくるのかもしれません。

49　世のなか安穏なれ、仏法ひろまれ

わが御身《おんみ》の往生《おうじょう》を一定《いちじょう》とおぼしめさん人《ひと》は、仏《ぶつ》の御恩《ごおん》をおぼしめさんに、御報恩《ごほうおん》のために、御《お》念仏《ねんぶつ》こころにいれて申《もう》して、世《よ》のなか安穏《あんのん》なれ、仏法《ぶっぽう》ひろまれとおぼしめすべし。

必ず浄土に生まれることができると確信する人は、仏のご恩を思うにつけ、その恩に報いるために、念仏を心に入れてとなえ、世の中が平安であるように、仏の教えが広まるようにと願うべきです。

（親鸞聖人《しんらんしょうにん》御《ご》消息《しょうそく》）

一五三頁の言葉の手前に、「**浄土に生まれるかどうかおぼつかなく思われる人は、まずわが身が浄土に生まれうることを考えてお念仏をなさってください**」とあります。

いまだ信心を得ていない人は、人のことはさておき、まずは自分のことに専心して一心に念仏をとなえてください。けれども、自分は浄土に生まれるという確信を得た人は、信心をいただいた仏のご恩に報いるために、念仏を心に入れて、世の中が平安であるように、仏の教えが広まるようにと、心を広く持ってやってください、と親鸞は言っています。

私は教師をめざす学生たちに、どんな文化のお世話になって今の自分があると思うかと問いかけて、振り返ってもらうようにしています。すると、自分の一部になりきって忘れていた文化的背景を思いおこし、それを子どもたちに伝えようと思うようになります。

本願のはたらきで自分が変わることができたと自覚を持てば、その功徳を広めたいと願うようになるのと同じようなことがおこるのです。

50　香光荘厳ともうすなる

染香人《ぜんこうにん》のその身《み》には
香気《こうけ》あるがごとくなり
これをすなわちなづけてぞ
香光荘厳《こうこうしょうごん》ともうすなる

香りに染まった人がつねに
かぐわしい匂いをただよわせているように、
弥陀の本願を信じて念仏する人には、
智慧の光がそなわっているので、
香《こう》ばしい智慧の光明でかざられた人と称するのです。

（浄土和讃）

51　愚禿が心は、内は愚にして外は賢なり

賢者《けんじゃ》の信《しん》は、
内《うち》は賢《けん》にして外《そと》は愚《ぐ》なり。
愚禿《ぐとく》が心《しん》は、
内《うち》は愚《ぐ》にして外《そと》は賢《けん》なり。

（法然聖人たち）賢明な方がたは、内に人格見識ともに立派なものを持ちながら、外見は平凡で愚かに見えます。愚かなわたしの信心ぶりはその反対に、内は煩悩に満ちて愚かなのに、外面《そとづら》は賢そうに装っています。

（愚禿鈔《ぐとくしょう》）

親鸞は自分のことを「愚禿《ぐとく》」と称しています。仏教学者の鈴木大拙《だいせつ》も「大いに拙《つたな》い」と称していますが、みずからを愚か者と称するのは、そうすることで思いあがらないように戒めるということがあります。その点で親鸞は徹底して「自分は煩悩に満ちた愚か者」というところに生涯身をおいています。私たちはえてして外面を賢そうに見せかけようとしますが、右頁の言葉は、二つの文を対比させることで、「内は賢にして外は愚なり」というあり方を意識させるきっかけになる言葉です。

「愚禿」から宮沢賢治の『雨ニモマケズ』の「デクノボー」を連想しました。「北ニケンクヮヤソショウガアレバ／ツマラナイカラヤメロトイヒ」というふうに献身的に働くのですが、ときには「サムサノナツハオロオロアルキ」という具合にうろたえてしまう。そんな自分は「ミンナニデクノボートヨバレ」て「ホメラレ」なくてもかまわない。みんなに尊敬されたり大きなことをなしとげるのではなく、「ジブンヲカンジョウニ入レズニ／ヨクミキキシワカリ」と、でくの坊だからこそ、現実をつぶさに見て、人の話に耳を傾けることのできる人間でありたいと言っています。

『雨ニモマケズ』が今の子どもにも愛誦されるのは「デクノボー」の愚直な生き方に無意識に共感するからです。まわりからどう見られるかとか金銭的な見返りとかではなく、本当のところを大切にする生き方はいつの時代でも共感を得るのです。

52　賀茂河にいれて魚にあたうべし

某《それがし》［親鸞《しんらん》］閉眼《へいがん》せば、賀茂河《かもがわ》にいれて魚《うお》にあたうべし。

わたしが死んだら、賀茂川へ投げいれて、魚に与えてよい。

（改邪鈔《がいじゃしょう》）

自分が死んだら賀茂川に投げいれて魚に与えてよい。丁重に葬ったり、崇めたりする必要はない。そんなことであなたたちがわずらわされることがあってはならない。なぜなら、私は浄土に生まれてさとりを開き、またみなさんのところに戻ってくるのだから、と親鸞は言いたかったのだと思います。

この言葉を読んで面白いと思ったのは「魚に与えよ」と言っているところです。自分はこれまで魚などを食べて生きてきたのだから、自分が死んだら、今度はそれを他の生き物にお返しするという意味合いが含まれているのではないでしょうか。

宮沢賢治の『やまなし』は、「クラムボン→魚→カワセミ」という生命連鎖（食物連鎖）が話の底流になっています。親鸞の言葉にも、生物界の頂点で振る舞っている人間が今度は魚の餌になることで循環していく。肉体を軽視するのではなく、自分の肉体を魚たちに戻すことで命をリレーしていくという思いがこめられています。

最近、日本の仏教は「葬式仏教」になってしまったと言われます。葬式によって仏教が栄えることを否定した親鸞が見たら、なんと思うでしょうか。

葬式と言えば、そもそも釈迦が、死の直前に弟子のアーナンダに亡骸《なきがら》の扱いについて問われて、「おまえたち（僧侶）は葬儀にかかずらうな。……修行に専念せよ」と言ったとされています。

一六一頁の親鸞の言葉は、短い一文をもって開祖の教えを問い直していることになります。

53　一念は功徳のきわまり

一念《いちねん》をひがごととおもうまじき。（中略）一念《いちねん》は功徳《くどく》のきわまり、一念《いちねん》に万徳《まんどく》ことごとくそなわる、よろずの善《ぜん》みなおさまるなり。

一念で往生できるということを間違いや誤りと思ってはなりません。（中略）一念は功徳のきわまりであり、一念にすべての徳がことごとくそなわり、一切の善がみなおさまっているのです。

（一念多念文意《いちねんたねんもんい》）

親鸞は、一念で往生が定まるのか、多念（十念）、つまり念仏を数多くとなえることで往生が定まるのかについて、一念も多念も真実の教えであり、一念にとらわれて多念を否定したり、多念にとらわれて一念を否定してはいけない、と説いています。

「一念というのは、信心を得るときの、その最初の一瞬をあらわし、広大で

思いはかることのできない徳をいただいた喜びの心をあらわしている」と言っているように、一念とは信心を得たその一瞬のことですから、一回か十回かという回数の問題ではありません。

ですから、一度の念仏で救われるはずがないと疑ったり、念仏を何度となくとなえれば功徳が得られると思ってはならないのです。

たとえばモーツァルトの曲を聴いていて、ある瞬間になんてすばらしいのだろうと衝撃を受けることがあります。そうした出会いの瞬間は、他人が見れば意味がなくても、当人にとってはこのうえなく貴重なものです。

親鸞の言う「**他力の信心を得た人はおのずからこの上ない功徳を得る**」というのも、このようなことなのだと思います。

柳宗悦は「念仏もまた一期一会《いちごいちえ》の念仏でなければならぬ。常に『今念仏している』のでなければならぬ。かつて念仏したとか、これからも念仏するという意味の念仏であってはならない」(『南無阿弥陀仏』岩波文庫)と言っています。

54　仏法者とみゆるように振舞べからず

たとい牛盗《ぎゅうとう》とはいわるとも、もしは善人《ぜんにん》もしは後世者《ごせしゃ》もしは仏法者《ぶっぽうしゃ》とみゆるように振舞《ふるまう》べからず。

たとえ牛泥棒とそしられようと、善人ぶったり、念仏をわかったような顔をして説いたり、自分は仏教の専門家であるなどと、したり顔で振る舞ってはなりません。

（改邪鈔）

前頁の言葉の手前に、遁世者《とんせいしゃ》をきどったり、一風変わった姿を好み、黒い袈裟《けさ》などを用いるのは大変な誤りである、とあります。

黒い袈裟などを仰々しく着込んで仏教者然としている者に対して、念仏者だと外から見てわかるような振る舞いは厳に戒めるようにと強調しています。

親鸞は、自分はいかにも仏教者ですと外に向かって誇示する姿に、自意識の過剰を見てとったのではないでしょうか。

いまだ自分への執着から離れられないでいるから、善人をきどってみたり、わかったような顔をして念仏を説いたり、自分は仏教の専門家なのだというふうに振る舞うことになる。

しかし、内心に確固とした信心が定まっていれば、仮に牛泥棒という濡衣を着せられたとしても、善行を積んでいる自分がそんなことをするわけがないと、ことさらに誇示しないだろうというのです。

信心は阿弥陀仏から「いただくもの」ですから、自意識の過剰、自分への執着は他力を遠ざけることになります。

煩悩の多い私たち凡人はえてして、「内実」よりも表面的な「形式」に重きをおきがちですが、蓮如上人は「**仏法を内心にふかく信じて、外相《がいそう》にそのいろをみせぬようにふるまうべし**」（『御文章』）と、心の内に実《まこと》を求めよと説いています。

55 無明煩悩しげくして　塵数のごとく遍満す

無《む》明《みょう》煩《ぼん》悩《のう》しげくして
塵《じん》数《じゅ》のごとく遍《へん》満《まん》す
愛《あい》憎《ぞう》違《い》順《じゅん》することは
高《こう》峯《ぶ》岳《がく》山《さん》にことならず

無明煩悩たえまなく、
迷いの塵《ちり》は無数に心に満ちている。
自分の心に順《かな》うときは愛執《あいしゅう》の思いをいだき、
自分の心に違《たが》うときは怒り憎悪《ぞうお》する。
その起伏の激しい心のさまは、
あたかも高い峯《みね》、大きな岳《やま》を見るようだ。

（正像末法和讃）

56 生死のながき夜すでに暁になりぬ

無《む》礙《げ》光《こう》仏《ぶつ》の心《しん》光《こう》つねに照《て》らし、護《まも》りたまうゆえに、無《む》明《みょう》の闇《やみ》は、れ、生《しょう》死《じ》のながき夜《よ》すでに暁《あかつき》になりぬ。

（信心を得た人は）弥陀のおさめとろうとする光の心がつねに照らして護ってくださるから、愚かな迷いの暗闇は晴れ、生死を繰り返した迷いの長い夜もすでに明け方になっているのです。

（尊号真像銘文《そんごうしんぞうめいもん》）

阿弥陀仏は慈悲の光そのものであり、その光は「無量寿《むりょうじゅ》」（いつまでも照らす光）であり、「無量光《むりょうこう》」（どこまでも照らす光）とされています。「無礙光仏」というのは、柳宗悦の表現を借りれば「碍《さわ》（礙）りなき光」、つまりなにものにもさえぎられない光、あまねくすべてのものに浸透していく弥陀の光を指しています。

私の知人の経営者が一気に経営状態が悪くなったとき、まるでトンネルに入ったかのように光がどこからも入ってこない。そんな状態が半年以上もつづいて、いつトンネルを抜けるのかまったくわからない。そのときの状態は真っ暗闇の中にいる気分だったと話してくれたことがありました。

悩みを心の闇だと感じるときというのは、ふつうの悩みとはちがって、文字どおり心が闇になってしまって行き場を失っている感じがします。

そんな心の闇に光が差したとしたら、まばゆいばかりの光に感じるはずです。闇が深ければ、その分、光もよりいっそう輝いて見えます。

迷いに迷いを重ねていた人が、信心を得たときに感じる光も、そのように輝いているのだと思います。

苦しいときのほうが、闇が深いときのほうが、光のありがたさを感じやすいというのは、悪人こそ救われるという「悪人正機《しょうき》」を、仏の光で言い換えたものと言えます。

57　敬いてこの道を勉めよ　深くこの信を崇めよ

心昏《しんくら》く識寡《しきすくな》きものは、
敬《うやま》いてこの道《どう》を勉《つと》めよ。
悪重《あくおも》く障多《さわりおお》きものは、
深《ふか》くこの信《しん》を崇《あが》めよ。

心が暗く知るところが少ない者は、謹んで本願他力の道に努め励みなさい。罪が重くさまたげが多い者は、深くこの信心を尊びなさい。

（浄土文類聚鈔《じょうどもんるいじゅしょう》）

迷いの闇にある人、いつになったらさとりを得られるのだろうと悩む人は、より深く敬って念仏の道に努めなさい。愚かでさまたげの多い人は、より深く信心を尊びなさい——これは愚かな迷いの無明のなかを念仏をたいまつとして船に乗っていくイメージです。

当時、インテリ層といえば仏教者だったわけですが、そうでない人びとにとっては、救われたいと願っても、勉強も修行もできない。親鸞には、そうした人びとを目の当たりにして、この人たちが救われないで何のための仏の教えなのかという思いがありました。

親鸞は長いあいだ比叡山で勉強して、仏教の専門家として人生のスタートを切っています。その修行を通して、専門的に勉強したからといって救われるわけではないと確信し、事あるごとに救うべき者は誰かという原点に立ち返ったのです。

私が専門とする教育学は、いかに整った理論であっても、教育の実践に結びつかなければ意味がありません。本当に救わなければならない衆生を生徒とすれば、一見科学的に見える理論を適用して、授業がいっこうによくならず、生徒が救われないという事態もおきています。

偏った研究を無理に授業に導入しようとして、かえって一面的になって授業として成り立たなくなる事態を目にして、専門家のように振る舞うことの害は相当に大きいとつねづね感じています。

58　罪障おもしとなげかざれ

無《む》明《みょう》長《ちょう》夜《や》の灯《とう》炬《こ》なり
智《ち》眼《げん》くらしとかなしむな
生《しょう》死《じ》大《だい》海《かい》の船《せん》筏《ばつ》なり
罪《ざい》障《しょう》おもしとなげかざれ

弥陀の本願は
煩悩の長い夜を照らす大きな灯火、
智慧の眼《まなこ》が暗いと悲しむなかれ。
弥陀の本願は生死の大海を渡す船筏《ふねいかだ》、
罪障重しと嘆くことなかれ。

（正像末法和讃）

59　弥陀の願力は生死大海のおおきなる船筏なり

弥陀《みだ》の願力《がんりき》は生死大海《しょうじだいかい》のおおきなる船筏《せんばつ》なり、極悪深重《ごくあくじんじゅう》の身《み》なりともなげくべからず。

阿弥陀仏の本願の力は、生死を分ける大海を渡る船や筏《いかだ》のようなものです。どんなに罪が深く重い身であっても、涅槃《ねはん》の岸に渡してくださるのですから、嘆くことはありません。

（尊号真像銘文）

小乗《しょうじょう》仏教、大乗《だいじょう》仏教の「乗」は、人びとを迷いの此岸《しがん》からさとりの彼《ひ》岸《がん》へと渡す乗り物の意味です。

小乗は小さい船で、みずからさとりや救いを求めて修行した人たちが乗ることができる（小乗という言い方は大乗仏教からの軽侮《けいぶ》した表現で、現在は上座《じょうざ》部《ぶ》仏教とも呼ばれる）。

これに対して大乗は、人びとを広く救う、多くの人を乗せることができる船とされています。

死んで七日目に渡ると言われる「この世」と「あの世」を分ける三途《さんず》の川。臨死体験をした人のなかには、この川が見えたけれど、途中で引き返してきたと語る人がいます。

死んだらあの世へ行くのに海や川を渡る、そしてその先には浄土があるということを、私たちは無意識にイメージしていて、それが私たちが心の深層で求めている安心感のもとになっているのではないでしょうか。

今の人には無意識のイメージであっても、親鸞が生きた時代の人たちは、あの世に渡る船・筏というものを非常にリアルにとらえていたのではないかと思います。

いわば小乗は手こぎ船、大乗は大型客船。しかし、親鸞の言う、弥陀のはからいが用意してくれている船・筏は、小乗も大乗も超えた、心根がよい人も迷いが深く罪が重い者でも、誰もが乗れるもっと大きな器なのです。

60　仏法の蔵を集めて凡愚に施す

智光明朗《ちこうみょうろう》にして慧眼《えげん》を開《ひら》く／名声十方《みょうしょうじっぽう》に聞《きこ》えざることなし／如来《にょらい》の功徳《くどく》ただ仏《ぶつ》のみ知《し》ろしめせり／仏法《ぶっぽう》の蔵《ぞう》を集《あつ》めて凡愚《ぼんぐ》に施《せ》す／弥陀仏《みだぶつ》日普《にちあまね》く照耀《しょうよう》す／已《すで》によく無明《むみょう》の闇《あん》を破《は》すと雖《いえど》も／貪愛《とんない》・嗔嫌《しんけん》の雲霧《うんむ》／常《つね》に清浄信心《しょうじょうしんじん》の天《てん》に覆《おお》えり

智慧の眼《まなこ》は　うららかに／
み名《な》、十方に　聞こえたり／
功徳は仏のみ　知るところ／
み法《のり》あつめて　施《ほどこ》せり／
弥陀のひかりの　かがやきは／
無明の闇を　破すれども／
貪り・怒り　雲・霧と／
まことのこころ　おおいたり

（浄土文類聚鈔）（石田瑞麿訳）

「念仏正信偈《ねんぶつしょうしんげ》」の一節です。仏のご恩が深いことを知り、そのありがたいという気持ちを他の人にも共有してもらいたい。そのためにはイメージが湧かないといけない。その一つの手段に、仏の教えや徳を称《たた》える韻文形式の「偈」というものがあります。

南無阿弥陀仏の念仏だけで救われるのですから、ほかには何もいらないのですが、偈や和讃のように歌に近いかたちのリズムがあると、みんなで一緒に声に出してとなえやすいところに非常に効果がある。いわば讃美歌のようなものです。そうした効果をもたらしているのが七五調にあります。

音のリズムで考えると、初めの音を基本として一音ずつ上がって、下がって、もう一回上がって、五音目で下がる。そのとき、三文字だと一息にはちょっと短い。九文字だと一息には長すぎる。一息の長さでリズムよくというと五文字か七文字になる。五音と七音を組み合わせると、音の高低、呼吸のリズムがよくなる。私はそんなふうに考えています。

身心にしみこむ言葉のリズムがおのずと好まれるのです。

61 煩悩の泥のなかに在て仏の正覚の華を生ずる

高原《こうげん》の陸地《ろくじ》に蓮《れん》を生《しょう》ぜず
卑湿《ひしつ》の淤泥《おでい》に蓮華《れんげ》を生《しょう》ず
これは凡夫《ぼんぶ》、煩悩《ぼんのう》の泥《どろ》のなかに在《あり》て
仏《ぶつ》の正覚《しょうがく》の華《はな》を生《しょう》ずるに喩《たと》うるなり

淤泥《おでい》の華は　経に説く／高原陸地《ろくじ》に　さかずして／
卑湿《ひしつ》の泥土に　生ずる、と／これ煩悩の　泥にさく
／さとりの華に　たとうなり

（入出二門偈《にゅうしゅつにもんげ》）（石田瑞麿訳）

「入出二門偈」という偈の一節です。蓮は泥沼でとてもきれいな花を咲かせる。泥だからこそ花咲くことができる。私たちも煩悩という泥の中に生きているからこそ、むしろきれいな花を咲かせやすい（信心を得やすい）と詠《うた》っています。

朝日小学生新聞で、芥川龍之介の『蜘蛛の糸』の感想文や絵を募集したことがあります。すると、予想に反して、カンダタが糸が切れて落ちていく場面だけでなく、蓮の花がポンと開くところを描いてくる子どもが少なからずいました。

蓮の花というのは、小学生が見てもちょっと不思議な感じがするのだと思います。

心が折れやすい、メンタルが弱い世代が増えていると言われますが、その原因は小さいころから泥まみれになったことが少ないことにあるのかもしれません。松下幸之助は小学生のときから丁稚《でっち》奉公しています。

そうしたいわば社会の泥の中で懸命に生きてきた人たちにくらべると、現代の世代は、この世で、この社会で、泥まみれになりながらも、その中で花を咲かせてみせるという覚悟がつちかわれていないのだと思います。

62 煩悩を断ぜずして涅槃を得しむ

煩悩《ぼんのう》成就《じょうじゅ》せる凡夫人《ぼんぶにん》
煩悩《ぼんのう》を断《だん》ぜずして涅槃《ねはん》を
得《え》しむ
則《すなわ》ちこれ安楽《あんらく》自然《じねん》の徳《とく》なり

煩悩にまみれし　凡夫の身／煩悩たた《(断)》で　涅槃をう《(得)》
／安楽自然の　徳なれば

（入出二門偈）（石田瑞麿訳）

この偈のポイントは「**煩悩を断ぜずして涅槃を得しむ**」にあります。涅槃というのは煩悩から解放されたさとりの境地ですから、煩悩をすべて断ち切ってこそさとりを得るというのが常道です。

ところが親鸞は、煩悩はいかんともしがたいから、断ち切れと言っても無理がある。煩悩を断ち切らないでもさとりを得られるのが弥陀の本願の「**自**《じ》**然**《ねん》**の徳**」（おのずからそうなる徳）なのである、と詠っています。

苦行を積まなくとも、念仏によって往生しておのずからさとりに至るのだから、一心に念仏しなさいと勧めているわけですが、この苦行ではない「自然の」というところが日本人にはすっと入ってくるのだと思います。

そもそも釈迦は、苦行を積んで骨と皮ばかりになり、これではさとりを開けないと思い知り、山から下りて菩提樹の下で瞑想《めいそう》していたときにふっとさとりを得ています。

苦行をしたからといってさとれるわけではないというのが釈迦のさとりのポイントだったのです。

南無阿弥陀仏をとなえたからといって、煩悩を完全に断ち切れるわけではないが、それでも救われるとなれば、衆生の心をぐっとつかむことになったはずです。

これはけっしてご都合主義ではありません。煩悩を断ち切ることはできなくとも、少なくとも煩悩のゆきすぎに関しては抑制がききます。

その点でも、衆生へのメッセージとして救いに満ちたものだったのです。

63　仏智の不思議をたのむべし

仏智《ぶっち》うたがうつみふかし
この心《しん》おもいしるならば
くゆるこころをむねとして
仏智《ぶっち》の不思議《ふしぎ》をたのむべし

仏の智慧を疑う罪はまことに深い。
疑いの心の罪深いことを思い知るならば、
悔いる心をもととして、
仏の智慧の不思議な力をたのむべきである。

（正像末法和讃）

64　たまたま行信を獲ば、遠く宿縁を慶べ

ああ、弘誓《ぐぜい》の強縁《ごうえん》、多生《たしょう》にも値《もうあ》いがたく、真実《しんじつ》の浄信《じょうしん》、億劫《おくこう》にも獲《え》がたし。たまたま行信《ぎょうしん》を獲《え》ば、遠《とお》く宿縁《しゅくえん》を慶《よろこ》べ。

ああ、阿弥陀仏の衆生を救うという誓いの強い力には、いくたび生死を重ねても遇《あ》うことは難しく、真実の清らかな信心は、永遠の時間をかけても得ることは難しい。幸いにして、念仏によって阿弥陀仏の救いに出会えたなら、遠く過去からの因縁によるものと喜びなさい。

（教行信証）

一九四頁の言葉のあとに「**疑いの網にまといおおわれて信心を失うようなことがあれば、またもとのように永遠に迷いつづけていくだろう**」という意味のことが書かれています。

この感覚はおそらく、今の日本人のほうがわかるのではないでしょうか。かつてより信心深い人が少なくなっていますから、いろいろな迷いが毎日のように心に去来してうつ気味になっている心の状態は、多かれ少なかれ持っているのではないかと思います。

悩みが深いとき、さんざん思い悩んでも解消しなかったのに、たまたま手にした一冊の本によって救われることがあります。

私は「出会いの時を祝祭に」という言葉を色紙《しきし》などに書きます。「出会いの時を祝して喜ぼう」という意味ですが、これは、阿弥陀仏の本願のはたらきによって、はからずも信心に出会うことができたなら大いに喜びなさいという親鸞の教えに通じます。

65 ただこの信を崇めよ

もっぱらこの行《ぎょう》に奉《つか》え、ただこの信《しん》を崇《あが》めよ。

ただこの行（念仏）だけを奉じ、
ただこの信（阿弥陀仏の救い）だけを尊びなさい。
（教行信証）

親鸞は、「**行に迷**《まど》**い、信に迷う**」心持ちにおちいることなく、もっぱら念仏という行につかえ、ただ阿弥陀仏の救いを信じて尊びなさい、と説いています。

「ひたすら坐禅」にしても「ひたすら念仏」にしても、道こそ異なりますが、「もっぱらする」ときのひたすらな心の状態は同じです。

そのひたすらな心のありようが、往生してさとりに至るには大切なことだととらえています。

迷って一つに決めきれないことは日常でもしょっちゅうあります。試験勉強のために迷って問題集を三冊も四冊も買いこんだものの、どれも最初の十ページぐらいでやめてしまうケースが少なくありません。

迷いを断ち切るには、薄めのよくできた問題集を一冊買ってひたすら何度もやり尽くすと、それだけでひととおり点を取れるようになります。

迷っている暇があるのなら、ともかく一つのことに集中してやり通せというわけです。

料理やスポーツにしても、一芸に徹した人はさとりに近い心境になると言われます。「ひたすらテニス」で突き抜けた人は、ラケットがあたかも自分の手になったかのように感じます。

「もっぱら」こうしなさい、「ひたすら」ああしなさいと言われると、ほかのことはいっさいやってはいけないという排他的・独占的な印象がありますが、親鸞が言おうとしたのは、信じるというひたすらな心そのものに救いがあるということなのです。

66 難思の弘誓は難度海を度する大船

ひそかにおもんみれば、難《なん》思《じ》の弘《ぐ》誓《ぜい》は難《なん》度《ど》海《かい》を度《ど》する大《だい》船《せん》、無《む》礙《げ》の光《こう》明《みょう》は無《む》明《みょう》の闇《あん》を破《は》する恵《え》日《にち》なり。

ひそかに思いをめぐらしてみれば、私たちには思いはかることのできない阿弥陀仏の本願は迷いの海を渡してくださる大きな船、なにものにもさまたげられないその光は煩悩の闇を破ってくださる智慧の輝きなのです。

（教行信証）

『教行信証』の冒頭に出てくる言葉です。私たちの人生は「難度海」（渡りがたい海）だ。どこまで行ったらたどり着けるのだろう、いつになったらこの苦しみは消えるのだろうと思い惑う。そのような「難度海」を渡らせてくれる「大きい船」が、人間の思いはからいを超えてあらゆる者を救済しようと照らしつづける阿弥陀仏の誓いにほかならない、と説いています。

親鸞自身、同じ鎌倉時代の『方丈記《ほうじょうき》』にもあるように、災害や飢饉や戦乱を体験して、その誓いの重みはいっそう切実に響いたにちがいありません。『教行信証』は膨大な引用から成っています。そのため『歎異抄』ほど一般に普及していません。しかし、親鸞の心の内には、自分の言葉よりももっと尊い言葉がたくさんある。自分が今ここにあるのは脈々と流れている先達の教えがあってこそ。だから、それらを書きとめて、後世に伝えたいという気持ちがあったと思います。

トルストイの『文読《ふみ》む月日《つきひ》』を最初に読んだとき、私はてっきり彼自身の言葉だと思ったのですが、じつは古今東西の聖賢の名言を中心に構成されたものでした。

親鸞もトルストイも、孔子の言う「述べて作らず。信じて古《いにしえ》を好む」(私は昔の人の言動をそのまま伝えているだけで、自分で何かを創作しているわけではない。古くから伝わった先人の知識・知恵を信じ、これを好んだだけだ)と同じ心境だったのではないでしょうか。

67　二三渧のごとき心、大きに歓喜せん

一《いち》毛《もう》をもって百《ひゃく》分《ぶん》となして、一《いち》分《ぶん》の毛《もう》をもって大《だい》海《かい》の水《みず》を分《わか》ち取《と》るがごときは、二《に》三《さん》渧《たい》の苦《く》すでに滅《めっ》せんがごとし。大《だい》海《かい》の水《みず》は余《よ》のいまだ滅《めっ》せざるもののごとし。二《に》三《さん》渧《たい》のごとき心《こころ》、大《おお》きに歓《かん》喜《ぎ》せん。

ひとすじの毛を百に分けて、その百分の一の毛を大海の水につけたところで、分けとることのできる滴《しずく》(渧)はわずかです。苦しみの滴はわずか二、三滴しか減っておらず、大海の水の大半はまだなくなっていない。しかし、わずか二、三滴であっても心は大きな喜びに包まれるでしょう。

(教行信証)

親鸞は、私たち凡夫は信心を得たからといって、煩悩に満ちた身であることに変わりない。減った苦しみは大海の水のわずか二、三滴にすぎないが、それだけでも大いに喜ぶべきである、と説いています。

生きていくことの苦しみは非常に多い。信心を得たからといって、この世において、苦しみがまったくなくなることはない。それでも南無阿弥陀仏をとなえることで、苦しみはわずかではあるが確実に減って、今日という日を過ごすことができる。

苦しみは日々それなりにめぐってくるし、私たち凡夫はすぐに迷いの道に舞い戻ってしまうけれども、念仏をとなえつづければ、喜びの日々が連なることになるのです。

晩酌をしたところでストレスをすべて振り払うことはできませんが、一息つくことができます。一息つくことの繰り返しが「念仏の相続」ということなのです。

68　弥陀弘誓のふねのみぞ　のせてかならずわたしける

生死《しょうじ》の苦海《くかい》ほとりなし
ひさしくしずめるわれらをば
弥陀弘誓《みだぐぜい》のふねのみぞ
のせてかならずわたしける

迷いの世界は
苦しみや悩みばかりの海のように果てがない。
この苦海にはまりこんで
浮き沈みしている私たちを、
弥陀の本願の船は乗せて
必ず浄土に渡してくださる。

（高僧和讃）

69　一念はすなわちこれ一声なり

一念《いちねん》はすなわちこれ一声《いっしょう》なり。
一声《いっしょう》すなわちこれ一念《いちねん》なり。
一念《いちねん》すなわちこれ一行《いちぎょう》なり。
一行《いちぎょう》すなわちこれ正行《しょうぎょう》なり。

一念は一声であり、一声は一念のことです。一念は一行であり、一行は正しい行のことです。

（教行信証）

一念―一声―一行と「一」が連なっています。ここで言う「一」は回数としての「一」ではなく、「専一無二《せんいつむに》」、つまり「専心」「専念」です。

右頁の言葉の前には「**『専心』というのは、一心であって、二心《ふたごころ》のないことを表したものであり、『専念』というのは、ひとすじにおこなうことで、ほかの行を一緒におこなわないことを表している**」とあります。

『平家物語』の巻《まき》十にも、「**『一声称念罪皆除《いっせいしょうねんざいかいじょ》』と念ずれば、罪皆除《つみみなのぞ》けりと見えたりれる**」という法然聖人の言葉が引かれています。

南無阿弥陀仏と念仏をとなえれば、その功徳によってすべての罪業《ざいごう》は除かれるという意味です。

坐禅などとちがって、声に出して念ずること自体が行であり、この声に出すことが法然、そして親鸞の念仏の基本にあるものです。

声明《しょうみょう》は仏典に節をつけたもので、いわば仏教音楽です。讃美歌もそうですが、歌うと気持ちがいい、歌っているとその響きが体に浸透して、信仰的な静かな清らかな心持ちに至ります。ですから、念仏をとなえるという身体的な行為は基本中の基本なのです。

かつては、声に出すことが精神に強い影響を与えることが皆わかっていたため、素読《そどく》をしたり、『和漢朗詠集《わかんろうえいしゅう》』のように貴族の教養として朗誦・暗誦・朗詠がおこなわれていました。

学問と声がセットになっていたのに、現代では声に出すことが少なくなってしまって、声が学問から離れてしまっています。一念＝一声が大切です。

70　虚空に乗じて四天下に遊ぶ

劣夫《れっぷ》の驢《ろ》に跨《また》がって上《のぼ》らざれども、転輪王《てんりんのう》の行《ゆ》くに従《したが》えば、すなわち**虚空《こくう》に乗《じょう》じて四天下《してんげ》に遊《あそ》ぶ**に障礙《しょうげ》するところなきがごとし。かくのごときらを名《な》づけて他力《たりき》とす。

力のない者がロバに乗っても空にのぼることはできないが、転輪聖王《てんりんじょうおう》の行幸《ぎょうこう》に従えば、たやすく空にのぼってあらゆる世界に行くのに何のさまたげもない。このようなことを名づけて他力と言います。

（教行信証）

二一一頁の言葉の前に、「**人は地獄・餓鬼・畜生の三悪道を恐れるが、戒律を受けてよくこれを守り、修行を修めると、不思議な力を習得してあらゆる世界に自由自在に行くことができる、これを自力と言う**」とあります。

しかし、私たち凡夫にはとてもそんな難しい行はできないが、天の車輪が先導する古代インドの転輪王の御幸《みゆき》に従えば何のさまたげもなくあらゆる世界に遊べるようになる。転輪王が主催する団体旅行に便乗するというイメージが他力というわけです。

便乗というと自分に都合よく、ずるをするという感じですが、「自分は愚かな人間なので、力のあるあなたの乗り物になんとしても便乗させてください」と、はからいにおまかせするようになれば、信心が開けるのです。

世の中、自力で、自分で、と思っている人よりも、自分の限界を知る他力の人のほうが、どこかうまくいくところがあるのかもしれません。「自分一人の力でなんとかなると言う人ほど他人に迷惑をかけやすい」という法則があると私は見ています。

71　南無阿弥陀仏をとなうべし

弥陀《みだ》大悲《だいひ》の誓願《せいがん》を
ふかく信《しん》ぜん人《ひと》はみな
ねてもさめてもへだてなく
南無阿弥陀仏《なむあみだぶつ》をとなうべし

阿弥陀仏の計り知れない慈悲の誓願を
深く信じる人は誰でもすべて、
寝てもさめても夜でも昼でも、
感謝してつねに南無阿弥陀仏をとなえよ。

（正像末法和讃）

72　一切の群生、光照を蒙る

あまねく無量《むりょう》・無辺光《むへんこう》／無礙《むげ》・無対《むたい》・光炎王《こうえんのう》／清浄《しょうじょう》・歓喜《かんぎ》・智慧光《ちえこう》／不断《ふだん》・難思《なんじ》・無称光《むしょうこう》／超日月光《ちょうにちがっこう》を放《はな》ちて塵刹《じんせつ》を照《て》らす。／

一切《いっさい》の群生《ぐんじょう》、光照《こうしょう》を蒙《かぶ》る

あまねく照らす　み光は／
無量・無辺　無礙光と／
無対・光炎　清浄光／
歓喜・不断　智慧・難思／
超日月光　無称光／
もろびと光を　蒙《か》うるなり

（教行信証）（石田瑞麿訳）

無量光、無辺光、無礙光、無対光……と、すべて光で構成されています。
こう列挙されると、「**仏の光はさまたげるものなく、あまねく私たちを照らす光**」がいっそう深く心に入ってきます。「正信念仏偈《しょうしんねんぶつげ》」と名づけられた偈の一節ですから、いっそうリズムよく声に出して読むことができます。葬式などで僧侶のお経を聴いていると、そのリズミカルな調子に独特の世界に引き込まれるのと同じような感覚です。

親鸞のこの偈は漢文で書かれていますが、読み下し文になったときにも、漢字を見ればイメージが湧きますし、そのうえ、音としてリズムがあって、詠っていくと清い感じや歓喜《かんぎ》がよく伝わってきます。

私たちは漢語を通して仏法を伝えられています。『般若心経《はんにゃしんぎょう》』の「掲帝《ぎゃてい》掲帝《ぎゃてい》、般羅《はら》掲帝《ぎゃてい》……」のように、サンスクリット語の音をそのまま音訳したものもあります。漢訳の漢字のイメージ（音）にときにサンスクリット語の音がまざり合うかたちで、私たち日本人は仏の教えになじんできました。先人の苦心をこの偈にも感じます。

73　衆水、海に入りて一味なるがごとし

よく一念《いちねん》喜愛《きあい》の心《しん》を発《ほっ》すれば
煩悩《ぼんのう》を断《だん》ぜずして涅槃《ねはん》を得《う》るなり
凡聖《ぼんしょう》・逆謗《ぎゃくほう》　斉《ひと》しく回入《えにゅう》すれば
衆水《しゅすい》、海《うみ》に入《い》りて一味《いちみ》なるがごとし

信心ひとたび　おこりなば／
煩悩《なやみ》を断たで　涅槃《さとり》あり／
水のうしおと　なるがごと／
凡愚《ぼんぐ》とひじり　一味なり

（教行信証）（石田瑞麿訳）

「正信念仏偈」の一節です。

すべての人びとを浄土に迎え入れるという本願の教えを信じて一念の喜びの心をおこすことができるならば、煩悩のままに涅槃《さとり》の境地に至ることができる。凡夫（凡）も聖者（聖）も、仏に逆らう者（逆）も仏をそしる者（謗）も、阿弥陀仏の世界に誰もが入っていける。それはさまざまな味の川の水が注ぎこんでやがて同じ塩味の海となるように、あらゆるものが包みこまれて「一味」になるようなものである、と詠っています。

ここで言う一味は悪事をたくらむ仲間という悪い意味で使われているわけではありません。「一味」はもともと仏教の用語で、海は広くてもその味はどこでも同じということにかけて、「同一で平等無差別」を意味します。

信心をいただいていることに気づかされることは喜びであると同時に、自分に弥陀の本願が向けられていることを感得して素直に喜ぶことが、じつは信心をいただくことになる。信心と歓喜《かんぎ》は表裏一体の関係なのです。

74　煩悩菩提一味なり

弥陀《みだ》の智願海水《ちがんかいすい》に
他力《たりき》の信水《しんすい》いりぬれば
真実報土《しんじつほうど》のならいにて
煩悩菩提一味《ぼんのうぼだいいちみ》なり

さまざまな川の水も海に流れこむと
同じ塩味の海水になるように、
大海のように広大な弥陀の本願に従うときは、
浄土の自然のはたらきによって、
おのずから私たちの煩悩は転じて
仏の御心《みこころ》と一つになる。

（正像末法和讃）

75　雲霧の下あきらかにして闇なきがごとし

摂取《せっしゅ》の心光《しんこう》、つねに照護《しょうご》したまう
すでによく無明《むみょう》の闇《あん》を破《は》すといえども
貪愛《とんない》・瞋憎《しんぞう》の雲霧《うんむ》
つねに真実信心《しんじつしんじん》の天《てん》に覆《おお》えり
たとえば日光《にっこう》の雲霧《うんむ》に覆《おお》わるれども

雲霧《うんむ》の下《した》あきらかにして闇《やみ》なきがごとし

救いの光　あきらけく／
無明の闇を　破すれども／
貪り・怒り　雲・霧と／
まことの心を　覆いたり／
雲は光を　覆えども／
雲下に闇の　なきごとく

（教行信証）（石田瑞麿訳）

「正信念仏偈」の一節です。救いの光はつねに私たちを護り、無明の闇を打ち破ってくださっている。それでも、むさぼりや怒りなどさまざまな煩悩が雲や霧のようにまことの心を覆う。けれども、太陽が輝いているかぎり厚い雲や霧に覆われていても地上に闇がないように、私たちを灯火のごとく導いてくださっている、と詠っています。

仏の光明に照らされていても、煩悩は繰り返しおこり、これでいいのだろうかと悩む。しかし、煩悩はどこまでも私たちを離れないが、煩悩があっても私たちの人生は暗くないのが信心の徳だから思いまどうことはない、というのです。

「阿弥陀如来」のことを「無礙光如来《むげこう》」と言うように、新しい光の中に安住して、やすらいだ心で歩んでいくこと、それが「照護」ということです。信心を得るというのは、この光を信じることとです。通常の光は影をつくりますが、私たちを照らす阿弥陀仏の光は影をつくることなくどこまでも届く、そんなイメージが湧いてくる言葉です。

76　難行の陸路　易行の水道

難《なん》行《ぎょう》の陸《ろく》路《ろ》、
苦《くる》しきことを顕《けん》示《じ》して
易《い》行《ぎょう》の水《すい》道《どう》、
楽《たの》しきことを信《しん》楽《ぎょう》せしむ

陸路はつらし　船路こそ／易《やす》く楽しと　信ぜしむ

（教行信証）（石田瑞麿訳）

親鸞は「正信念仏偈」で、難行苦行の教えで救われる人はごくわずか。すべての人を安楽無上の幸せに生かしてくださるのは弥陀の本願しかない、と詠っています。

苦行というと、比叡山延暦寺の千日回峰行《せんにちかいほうぎょう》を思いうかべます。比叡山に行ったときに、そこで修行する厳しさを感じました。とくに冬の寒さは生半可ではありません。

そんな比叡山で法然も親鸞も修行を積んでいました。この二人にかぎらず、比叡山は日本の有名な僧を多数輩出している特別な場所です。

そこで修行した親鸞ですから、修行がどういうものか骨の髄まで染みてわかっている。その親鸞が難行は果ての果てまで自分の足で歩いていく「陸路」だと言っているのですから説得力があります。

そんなことは誰もができるわけではない。そうした者たちを救うには「水の道」を船に乗っていくしかない。安楽浄土を信じて、楽しんで行くのが本当の道である。それは阿弥陀仏の本願を信じることなのだ、というのです。

一心に念仏をとなえることで信心を得て光に護られて歩んでいけるとなれば、浄土というのは死後に行くところではあっても、この世に生きているときからすでに船に乗っていて、自分の心に浄土というものが踏み込んできているとも言えます。

「最後の審判」のように人間の罪を審《さば》いて黒白《こくびゃく》をつける厳しさとちがって、阿弥陀信仰はやさしさに満ちています。

77　如来の願船いまさずは　苦海をいかでかわたるべき

小《しょう》慈《じ》小《しょう》悲《ひ》もなき身《み》にて
有《う》情《じょう》利《り》益《やく》はおもうべき
如《にょ》来《らい》の願《がん》船《せん》いまさずは
苦《く》海《かい》をいかでかわたるべき

わずかな慈悲の心も持ちあわせないこの身だから、
人を救おうなどとどうして思うことができようか。
如来が差し向けてくださった願船がなければ、
迷いの苦海をどうして渡ることができようか。

（正像末法和讃）

78　煩悩の林に遊んで神通を現じ

蓮華蔵世界《れんげぞうせかい》に至《いた》ることを得《う》れば
すなわち真如仏性《しんにょほっしょう》の身《しん》を証《しょう》せしむと
煩悩《ぼんのう》の林《はやし》に遊《あそ》んで神通《じんづう》を現《げん》じ
生死《しょうじ》の園《その》に入《い》りて応化《おうげ》を示《しめ》すといえり

蓮華《はちす》の国に　生まるれば／
真如のさとり　身にうけて／
煩悩・生死の　園にいり／
まよえるひとを　救わん、と

（教行信証）（石田瑞麿訳）

親鸞は「正信念仏偈」で、泥の中から清らかな花を咲かせる「蓮華」のような徳をそなえた浄土に生まれ変わることを信じれば、煩悩の泥にまみれた人でも、如来の光に照らされていきいきと輝く身になる。そうなれば、煩悩にわずらわされても、まるで遊ぶかのように苦しみも悲しみも受けとめ、人に励ましを与えることができる、と詠っています。

煩悩はさとりの対極にありますから、「**煩悩の林に遊んで**」というのは面白い表現です。

けれども、私たちのまわりにも、行きづまっていたり苦境にあっても、どこか豊かな気持ちを持って悠然としている人が案外いるものです。

そんな生き方をしている人は、まわりの人に知らず知らずに励ましを与えたり、温かいものを感じさせているのではないでしょうか。

黒柳徹子さんが『トットちゃんとトットちゃんたち』という本のなかで、インドで破傷風《はしょうふう》にかかって死にかけている男の子が、黒柳さんに向かって、あなたの幸せをお祈りしますと言ったことにとても感動したという話を書いています。

人はそういう境地になれる生き物なのです。

79　一生悪を造れども

一生悪《いっしょうあく》を造《つく》れども、
弘誓《ぐぜい》に値《もうあ》いぬれば、
安養界《あんにょうかい》に至《いた》りて妙果《みょうか》を証《しょう》せしむと
いえり

誓いに遇《あ》わば　悪きえて／浄土のさとり　え《(得)》しめん、と

（教行信証）（石田瑞麿訳）

これも「正信念仏偈」の一節です。

私たちは一生悪をつくったとしても、ひとたび阿弥陀仏の本願に出会えば、必ず浄土に至ってさとりを得ることができる、と詠っています。

「**一生悪を造れども**」というのは面白い表現です。もちろん、生涯犯罪を犯しつづけるという意味ではなくて、私たちは煩悩から一生のがれられないけれども、阿弥陀仏はそんな私たちを一人ももらさず救ってくださると説いているのです。

大学の授業で、できない人は無理しないでいいと宣言してしまうと、どん

どんレベルが落ちてしまいます。ですから、自分の授業では一人も脱落させないと決めて、全員発表方式にするなどして目配りすると、はたして全体のレベルが上がってきます。

小学校や中学校の授業でも、一人も脱落させないと覚悟を持ってやると、なぜか大丈夫。音読のときにも、全員が走り切ろうと宣言してやると完走できます。できる子とふつうの子とついていけそうもない子がいたら、ついていけそうもない子を多めにほめたり、それで大丈夫だよと机のあいだをまわって声をかけると、だんだんその子が伸びていく。もちろん、その子たちは悪をなしているわけではありませんが、彼らを救いあげて一人も落とさないぞと覚悟を定めて宣言することが大事になります。

一生悪をつくっても誰でも本願に出会えば救われるという誓いは、歴史上さまざまある宣言のなかで、これほど救いに満ちたものはないのではないでしょうか。

80　身を粉にしても報ずべし　骨を砕も謝すべし

如来大悲《にょらいだいひ》の恩徳《おんどく》は
身《み》を粉《こ》にしても報《ほう》ずべし
師主知識《しゅちしき》の恩徳《おんどく》も
骨《ほね》を砕《くだきて》も謝《しゃ》すべし

弥陀の慈悲の御恩には、
身を粉にしてまでも報わずにはいられない。
私たちを本願に導いてくださった釈尊はじめ
祖師たちの恩徳にも、
骨を砕いてまでも感謝せずにはいられない。

（正像末法和讃）

81 ただ仏を称すべし

極重《ごくじゅう》の悪人《あくにん》は
ただ仏《ぶつ》を称《しょう》すべし。

罪の人びと　み名を呼べ

（教行信証）（石田瑞麿訳）

浄土教の高僧・源信《げんしん》の『往生要集《おうじょうようしゅう》』に「**極重の悪人は、他の方便なし。ただ仏を称念《しょうねん》して、極楽に生ずることを得《う》**」とあります。「とても仏になれない私を救ってくださる阿弥陀仏を信じて、ひたすらに念仏をとなえて浄土に向かう人生を生きなさい」という意味になります。右頁の親鸞の偈の一節はこれにならったものとされています。

九九九人を殺して、一〇〇〇人目にブッダに出会って殺すのをやめた大悪人の逸話があります。平気で人を殺しているような人間でも、ゴータマ・ブッダのような人が目の前に現れ、光に照らされて、この人を殺すなんてとてもできないとさとったとき、何かが変わる。

この逸話が『歎異抄』の悪人正機説のもとになったとされますが、親鸞が言う極重の悪人は、世間で使われる悪人とは異なります。

悪人とは、他の誰彼ではなく、親鸞自身であり、私たち自身のことです。親鸞は死の間際まで、煩悩具足の凡夫であるとの自覚に立っていました。

親鸞は二四〇頁の言葉につづけて「**われまたかの摂取《せっしゅ》のなかにあれども／煩悩、眼《まなこ》を障《さ》えて見たてまつらずといえども／大悲、倦《もの》きことなくしてつねにわれを照らしたまう**」と詠っています。

私たちは救いの光におさめとられているのに、煩悩がその自覚をさえぎって見えなくしている。けれども、阿弥陀仏の慈悲は迷える私たちをいつも照らしてくれている。

弥陀の本願は私たちのためにつねにはたらきつづけているのです。

82　この心 顚倒せず、この心 虚偽ならず

たまたま浄信《じょうしん》を獲《え》ば、
この心《しん》顚倒《てんどう》せず、
この心《しん》虚偽《こぎ》ならず。

思いがけなく清らかな信心を得たなら、心はもはや迷いにひっくり返ることもなければ、嘘いつわりであることもありません。

（教行信証）

「つねに生死の海を漂い、流転輪廻《りんね》を繰り返してきた愚かな多くの人にとって、さとりでさえけっして得がたくはないのに、真実の信心はかえって得がたい」と前置きして、だからこそ、たまたま思いもかけず信心を得たからには、迷いがあっても心がひっくり返るようなことはないし、信心を得ることで心に拠点が定まれば、嘘いつわりなく、晴れ晴れとした気分になると説いています。

二四三頁の言葉のあとにある、「**これによって、この上もなくよこしまな罪深い人も、大きな喜びにつつまれ、多くの仏たちによって尊ばれ愛されることになる**」という言葉がそれをよくあらわしています。

因果で言えば、因《たね》はこの世で信心を得ること、果《かじつ》は往生してさとりを開くことですが、まずは進むべき道、方向性をしっかりと定めさえすれば、おのずとさとりに至ることができるのだから、この「因」に専心しなさいというのです。

一茶《いっさ》の「年よりや月を見るにもナムアミダ」という句ではありませんが、何事によらず南無阿弥陀仏をとなえることによって、この世で生きていく心持ちがどこか安定するような気がします。

それが念仏という易行のよさです。

私は難行と思われている坐禅もやり方しだいで易行になると考えています。坐って呼吸を整えればいいわけですから、ふだんの生活でも十分にできますし、これを実践すると、あわただしいなかにもホッとした気分になれます。

83　わが親友ぞと教主世尊はほめたまう

他力《たりき》の信心《しんじん》うる人《ひと》を
うやまいおおきによろこべば
すなわちわが親友《しんう》ぞと
教主世尊《きょうしゅせそん》はほめたまう

み仏の悲願を信じる人を、
敬い讃美すれば、
私の親友であると、
教主釈尊は称賛なさる。

（正像末法和讃）

84　すなわちこれ深信の心なり

深《じん》心《しん》というは、すなわちこれ深《じん》信《しん》の心《しん》なり。

深心というのは、とりもなおさず深く信じる心のことです。

（教行信証）

親鸞は「深く信じる心」には二種類あると言っています。

一つは、自分は罪深い愚かな者で、迷いからのがれる手がかりがないとゆるぎなく信じて疑わないこと。

もう一つは、阿弥陀仏の誓願は世の人びとを救いとってくださるから、その力におまかせして必ず浄土に生まれるとゆるぎなく信じて疑わないことです。

二つめの「**往生を信じて疑わないという深心**」に至る前に、「**自分は煩悩**

にまみれた存在なのだと深く信じる」ステップがあることによって、自力を捨てて、阿弥陀仏の救いの手にとらわれることができるということです。

ですから、この二つの深心に軽重はなく、切り離すことのできないセットです。

信仰にかぎらず、世の中で活躍している人は、「自分の力などたいしたことない」「自分のおかげだと思わない」というゾーンに入っているところにどこか強さがあるように思います。

ノーベル生理学・医学賞を受賞した山中伸弥教授が記者会見で、日本という国が受賞したのだと思いますと言っていました。

おそらく自力によるところも大だったはずですが、謙遜ではなしに、心底、他の力に助けられて研究が実を結んだと思っているところがあります。

本当に大変な思いをしてきた人は、救われた感というのがさまざまな場面にあって、それがモチベーションにつながっているのかもしれません。

85　広大難思の慶心を彰すなり

一念《いちねん》とはこれ

信楽開発《しんぎょうかいほつ》の時剋《じこく》の極促《ごくそく》を顕《あらわ》し、

広大難思《こうだいなんじ》の慶心《きょうしん》を彰《あらわ》すなり。

一念というのは、信心が開きおこるときのきわまり、つまり最初の一瞬をあらわしたもので、広大で思いはかることのできない徳をいただいた喜びの心をあらわしているのです。

（教行信証）

親鸞は「すべての人が阿弥陀仏の御名《みな》のいわれを聞いて信心をおこし、喜びにあふれて、わずか一念でもするときには、阿弥陀仏が真《まこと》の心をもってそのような恵みをお与えになったのであるから、浄土に生まれたいと願うときには、即座に生まれるものと決まって、不退の位に住することだろう」という『大無量寿経《だいむりょうじゅきょう》』の言葉を引いています。

0から1になるのと、1が2になり、2が3になるのとでは、増えた量は同じ1でも、まったく質がちがいます。0から1になるには無が有になるという非常な飛躍があるからです。信心が開けおこった最初のときに、はや往生成仏の身に定まるというのも、0が1になる飛躍の瞬間です。その出会いの瞬間に、広大で思いはかることのできない徳をいただいた喜びを感得することになるのです。

私は学生とのディスカッションのとき、誰かが優れたアイデアを言ったそのときに、みんなで拍手するようにしています。

アイデアが生まれるというのはまさに0が1になる瞬間ですが、その瞬間が祝福されることで、提案した本人がアイデアが認められたのを自覚して喜びが湧きますし、その場の空気が温まるという効用もあります。

86　これかならず不可なり

この虚仮雑毒《こけぞうどく》の善《ぜん》をもって
無量光明土《むりょうこうみょうど》に生《しょう》ぜんと欲《ほっ》する、
これかならず不可《ふか》なり。

いつわりの自力の善で浄土に生まれることを願っても、その願いがかなうことはけっしてありません。

（教行信証）

自力の善というのは思いあがりである。自分はこれだけやっているのだからとか、こんなに善いおこないを積んでいるのだからという意識を持っていること自体が、自分の愚かさを自覚できていない証《あかし》だから、それはうそやへつらいの行である。それでは浄土に生まれることはかなわない、と説いています。

当時、自分は善行を積んでいるから救われると勘違いしたり思いあがっていた人は仏教の専門家だけでなく、一般の人にもたくさんいたにちがいありません。

自分はこれだけやってさしあげたのだから、対価として「浄土○○階級」が与えられてしかるべきだというふうに、仏との契約というか、ギブ&テークの感覚があったのではないでしょうか。

たとえば、お金に余裕があるから寺社に寄進して、自分の名前が刻まれた。だから自分は間違いなく救われると思うようなことは、まさに虚仮雑毒の善になります。

中世末期にヨーロッパで、献金などの善行の代償として、罰を免除する免《めん》罪符《ざいふ》が乱発されて宗教改革の発端になりました。これなども虚偽の善と言っていいかもしれません。

親鸞は二五四頁の言葉の前に「**せかせかと頭についた火を消し払うように努め励んでも、すべて毒のまじった善、自力の行がまじった善であり、うそやへつらいの行ですから、真実の行とはいわない**」と言っています。

肝に銘ずべき言葉です。

87 ただこれ不可思議 不可称 不可説の信楽なり

行《ぎょう》にあらず善《ぜん》にあらず、頓《とん》にあらず漸《ぜん》にあらず、定《じょう》にあらず散《さん》にあらず、正観《しょうかん》にあらず邪観《じゃかん》にあらず、有念《うねん》にあらず無念《むねん》にあらず、尋常《じんじょう》にあらず臨終《りんじゅう》にあらず、多念《たねん》にあらず一念《いちねん》にあらず、

ただこれ不可思議《ふかしぎ》 不可称《ふかしょう》 不可《ふか》説《せつ》の信楽《しんぎょう》なり。

（他力の信心とは）自力の行でもなければみずからおこなう善でもない。すみやかにさとる教えでも漸次《ぜんじ》さとりに近づく教えでもない。雑念を払って観想《かんそう》するのでも散乱した心（ふつうの心）のままで観想するのでもない。正しい観想でもよこしまな観想でもない。姿形のあるものを観想するのでも姿形のないものを観想するのでもない。平生に限るのでも臨終に限るのでもない。念仏を多念するのでも一念に限るのでもない。それはただ、思いはかりを超えた口にも文字にもあらわせない信心なのです。（教行信証）

すべて「…あらず…あらず」と連なっています。私たちの考えを超えた、口にも文字にもあらわせない不可思議なものが弥陀の本願を信じる心（信楽）なのだから、これでもない、あれでもないというのです。おそらく親鸞は「念仏は一回でいいのか、何遍もとなえなければいけないのか」などと問われて、いずれでもないと答えたのだと思います。

ここで注目したいのは、いずれもちがうと言っているようでいて、マイナスとマイナスを掛けるとプラスになるように、じつは全部だと説いている点です。他力の信心は人が考える区別や分別を超えたところにあることを認識すべきだと強調しているのです。

88　こころは蛇蝎のごとくなり

悪性《あくしょう》さらにやめがたし
こころは蛇蝎《じゃかつ》のごとくなり
修善《しゅぜん》も雑毒《ぞうどく》なるゆえに
虚仮《こけ》の行《ぎょう》とぞなづけたる

好んで悪をつくる性《しょう》はとめがたく、
貪り怒り煩悩の心は毒蛇・毒虫のごとし。
たとえ善行をおさめても自力の毒がまじるなら、
真実の行とは言われない。

（正像末法和讃）

89　如来誓願の薬はよく智愚の毒を滅するなり

阿《あ》伽《か》陀《だ》薬《やく》のよく一切《いっさい》の毒《どく》を滅《めっ》するがごとし。
如《にょ》来《らい》誓《せい》願《がん》の薬《くすり》は
よく智《ち》愚《ぐ》の毒《どく》を滅《めっ》するなり。

不死の薬がすべての毒を消すように、如来の薬（誓願）は智者や愚者の「自力の毒」を消すのです。

（教行信証）

阿伽陀薬というのはあらゆる病気を治す霊妙《れいみょう》な薬とされています。それにかけて、如来誓願の薬は、愚者はもちろんのこと智者の自力のはからいの毒も消す、と親鸞は説いています。

親鸞に言わせれば、私たちの知恵には知らず知らずに毒がともなっているから、智者も愚者と同じように救われなければならない存在なのです。

自分のことは自分が一番よくわかっている。自分は他の者より優れている。自分で生きていける知恵がそなわっている。そうした思い込み、思いあがり、傲慢さが救いの手をのがす原因になる。

阿弥陀仏の薬は、無知だけでなく、そうした知恵の毒をもなくしてしまうというわけです。

この言葉には、知恵があるつもりになって知らず知らずに愚かなことをしている自分に気づけという教えがこめられています。

阿弥陀仏は、迷いの世界をさまよう私たちを救う効能を「南無阿弥陀仏」という錠剤に封入して私たちに処方してくれました。その薬は誰でも服用でき、誰にでも効きます。

「南無阿弥陀仏」は心の薬ですから、感謝してこれを服用すれば、心の健康を手にすることができるのです。

90 かならず現生に十種の益を獲

金剛《こんごう》の真心《しんしん》を獲得《ぎゃくとく》すれば、
横《おう》に五趣八難《ごしゅはちなん》の道《どう》を超《こ》え、
かならず現生《げんしょう》に
十種《じっしゅ》の益《やく》を獲《う》。

確固とした信心を得たなら、他力によって、罪の報いによって堕ちる五つの悪道や、正しい教えに接することをさまたげる八つの厄難《やくなん》を一足跳びに超えて、この世において、必ず十種の利益《りやく》にあずかるのです。

（教行信証）

親鸞は十種類の利益《りやく》をつぎのように言っています。

1 私たちの目には見えない方がたに護られるという利益

2 このうえない優れた徳が身にそなわるという利益

3 罪悪が転じて善になるという利益

4　仏がたに護られるという利益
5　仏がたにほめたたえられるという利益
6　阿弥陀仏の光明におさめとられてつねに護られるという利益
7　心に多くの喜びが得られるという利益
8　阿弥陀仏の恩を知り、その徳に報ずるという利益
9　阿弥陀仏の大慈悲を広めるという利益
10　必ず往生成仏することが約束されるという利益

このように列挙すると、同じ利益であっても、私たちが願うご利益、たとえば病気が治りますようにとか、大学に合格しますようにとか、お金が儲かりますようにというようなものとはまったく異なります。

私たちを救うと誓った弥陀の本願は人智を超えた幸せ（利益）をもたらしてくれるのです。

91　かならず転じて軽微なり

一切《いっさい》の功徳《くどく》にすぐれたる
南無阿弥陀仏《なむあみだぶつ》をとなうれば
三世《さんぜ》の重障《じゅうしょう》みなながら
かならず転《てん》じて軽微《きょうみ》なり

いかなる功徳をも超えて優れている
弥陀の念仏を心からとなえれば、
過去・現在・未来のすべての悪業は、
如来の心におさめとられて軽少となり、
往生のさまたげにならない。

（浄土和讃）

92　悲しきかな愚禿鸞　恥ずべし傷むべし

まことに知《し》んぬ、悲《かな》しきかな愚《ぐ》禿《とく》鸞《らん》、愛《あい》欲《よく》の広《こう》海《かい》に沈《ちん》没《もつ》し、名《みょう》利《り》の太《たい》山《せん》に迷《めい》惑《わく》して、定《じょう》聚《じゅ》の数《かず》に入《い》ることを喜《よろこ》ばず、真《しん》証《しょう》の証《さとり》に近《ちか》づくことを快《たの》しまざることを、恥《は》ずべし傷《いた》むべし。

今、まことに思い知った。悲しいことに、愚かなわたくし親鸞は、はてもない愛欲の海に沈み、名利の高山に踏み迷って、浄土に生まれる人のなかに数えられることを喜ぼうともせず、仏のさとりに近づくことをうれしいとも思わないでいる。本当に恥ずかしく、嘆かわしいことです。

（教行信証）

ヘルマン・ヘッセの『デミアン』は、自分の悪の部分を自覚しながらも自分の中からほとばしり出るものに従って生きようと苦悩するシンクレールと、そんな彼を導くデミアンとの交流が描かれています。

デミアンに導かれて、過去の世界観によって抑圧されていた自分を解放し、無意識の世界に埋もれていた「本来の自分」を発見していくプロセスは、親鸞の生涯を思わせるところがあります。

親鸞は「**愛欲の海に沈没し、名利の太山に迷い惑《まど》い……**」と言っていますが、これは阿弥陀仏に出会ったからこそ見えてきた自分をあらわしています。阿弥陀仏に導かれて、自分の本当の姿に気づくことができたのです。

親鸞がもし比叡山を下りて、世俗にまみれることがなかったら、親鸞は親鸞になりえなかったのかもしれません。

93　心すなわち ひとえに重きがごとし

たとえば一人《いちにん》にして七子《しちし》あらん。
この七子《しちし》のなかに一子《いっし》病《やまい》に遇《あ》えば、
父母《ぶも》の心平等《こころびょうどう》ならざるにあらざれども、
しかるに病子《びょうし》において

心《こころ》すなわちひとえに重《おも》きがごとし
大王《だいおう》、如来《にょらい》もまたしかなり。

ある者に七人の子がいたとして、そのうちの一人が病気になれば、親の心は平等でないわけはありませんが、病気の子にはひとしお心をかけます。苦しんでいる者こそ救われるという如来の慈悲の心も同じです。

（教行信証）

この項目の言葉は『教行信証』のなかで親鸞が引用している逸話の一節です。

親の心は平等であっても、子どもの扱いが均等であるとはかぎらない。病気の子がいれば、とくにその子の世話をする。阿弥陀仏の慈悲もそれと同じで、「**多くの人に不平等というのではありませんが、しかし、罪深い者にはひとしお、お心がかたむくのです**」と親鸞は言っています。

如来の慈悲は平等であるからこそ、煩悩が深い者ほど救われるのです。

均等と平等とはちがうところが面白い点です。たとえばプラス1点の人とマイナス1点の人がいて、全部で4点を加点するとすると、均等は、二分してそれぞれに2点ずつ加点して3点と1点になりますが、平等は、プラス1の人には1点を、マイナス1の人には3点を加点して、結果的にそれぞれが2点になるようにします。

マイナスの度合いが大きい人ほどプラスになる喜びが大きいことになります。

94　因浄なるがゆえに、果また浄なり

もしは因《いん》、もしは果《か》、一事《いちじ》として阿弥陀如来《あみだにょらい》の清浄願心《しょうじょうがんしん》の回向成就《えこうじょうじゅ》したまえるところにあらざることあることなし。

因《いん》浄《じょう》なるがゆえに、果《か》また浄《じょう》なり。

浄土に生まれる因としての信心・念仏も、果としてのさとりも、すべて阿弥陀仏の大いなる慈悲の心から与えてくださったものにほかなりません。浄土に生まれる因が清らかなのですから、浄土の果もまた清らかなのです。

（教行信証）

ふつうに因果関係で考えると、念仏をとなえた結果としてさとりを得るわけですが、親鸞は、浄土に生まれる因《たね》としての信心や念仏も、その果《かじつ》としてのさとりも、そもそれら行為全体が阿弥陀仏の清浄なお心によるものだから、因果の区別などないと説いています。

柳宗悦は、「真実の祈りは、受け容《い》れられる祈りを意味する。『叩けよ、さらば開かれん』といわれるが、『さらば』という言葉を中に挿入する必要はない。実《まこと》には叩くことが開かれることである。（中略）むしろ開くことが因で、叩くことが果だとさえいってよい。阿弥陀仏とは、その開く阿弥陀仏なのである」（『南無阿弥陀仏』岩波文庫）と言っています。

阿弥陀仏の救いの門はすでに均《ひと》しく開かれているから、その門を叩くことは「果」だとさえ言えるわけです。

95　雑行を棄てて本願に帰す

愚禿釈《ぐとくしゃく》の鸞《らん》、建仁辛酉《けんにんかのとのとり》の暦《れき》、

雑行《ぞうぎょう》を棄《す》てて本願《ほんがん》に帰《き》す。

愚禿釈の親鸞は、建仁元年（一二〇一）辛酉の歳、それまでの自分の雑行を棄てて、他力の念仏をいただく身となりました。

（教行信証）

親鸞は、比叡山での二十年間の修行によってもさとりを得ることができず、聖徳太子の夢のお告げにしたがって法然聖人（源空）を訪ねて仏法を聴聞《ちょうもん》し、ついに念仏を喜ぶ身になったとされています。

数年後には、師の著書『選択集《せんじゃくしゅう》』を自分で書き写したものを持参して、**「南無阿弥陀仏、往生之業《しごう》、念仏為本《いほん》」**（南無阿弥陀仏、浄土往生の正しい行は、この念仏のほかにない）という言葉を法然聖人に書き添えてもらっています。

そのときの様子を想像するに、自分のあこがれの人にサインをもらうように初々《ういうい》しい喜びにあふれていたのではないかと思います。

親鸞にとって法然聖人はアイドル（真実の師）だったにちがいありません。そんな理想の人に出会ってあこがれ、師の説く阿弥陀信仰にもあこがれて弥陀の本願にふれてゆく。それまでさまざまに修行を積んだし勉強もしたけれど、それらをすべて棄てて、弥陀の本願によりたのむことになったのです。

法然は言っています。

「念仏を信ぜん人は、たとい一代の法《ほう》をよくよく学すとも、一文不知《いちもんふち》の愚鈍《ぐどん》の身になして、尼入道《あまにゅうどう》の無智《むち》のともがらに同じうして、智者《ちしゃ》のふるまいをせずして、ただ一向《いっこう》に念仏すべし」（念仏を信じる人は、釈迦が一生をかけて説いた教えをしっかり学んだとしても、その一文字も理解できない愚かな自分であると自覚し、姿や形だけが僧侶である者と同じように、自分が智者であるかのように振る舞わず、ひたすら念仏をとなえるべきである）（『一枚起請文《いちまいきしょうもん》』）

96　日本一州ことごとく　浄土の機縁あらわれぬ

本《ほん》師《し》源《げん》空《く》世《よ》にいでて
弘《ぐ》願《がん》の一《いち》乗《じょう》ひろめつつ
日《にっ》本《ぽん》一《いっ》州《しゅう》ことごとく
浄《じょう》土《ど》の機《き》縁《えん》あらわれぬ

真実の師の源空聖人（法然）がこの世に出られて、
誰をも等しく救う本願の教えを広められたので、
日本全国いたるところ、
阿弥陀仏の浄土が開かれるご縁が
あらわれてくださった。

（高僧和讃）

97　慶喜いよいよ至り、至孝いよいよ重し

慶《よろこ》ばしいかな、心《こころ》を弘誓《ぐぜい》の仏地《ぶつじ》に樹《た》て、念《おもい》を難思《なんじ》の法海《ほうかい》に流《なが》す。深《ふか》く如来《にょらい》の矜《こう》哀《あい》を知《し》りて、まことに師教《しきょう》の恩厚《おんこう》を仰《あお》ぐ。慶喜《きょうき》いよいよ至《いた》り、

至《し》孝《こう》いよいよ重《おも》し。

なんと喜ばしいことであろう。わたしは今、心を本願の大地にうちたて、喜怒哀楽の思いを不可思議の大海に流す。深く如来の慈愛の広大さを知り、師（法然）の教えのご恩の厚さを仰いで、喜びはいよいよつのり、報恩の思いがますます深くなるのを覚えます。

（教行信証）

親鸞は『教行信証』をしめくくるにあたって、法然聖人（源空）に出会えたのも「ひとえに念仏をおこなったその徳であり、必ず浄土に生まれるその徴《しるし》である。だから、悲しみと喜びの涙を抑えつつ、ここに至った次第を書き記したのである」とし、これにつづけて二八四頁からの言葉を述べています。まさに「我が師の恩」です。

卒業式で『仰げば尊し』を歌うことが少なくなっているそうです。「仰げば尊し、我が師の恩」と歌わせるのは、教師への恩の押し売りで、生徒たちにはもっと好きな歌を歌わせてあげたいという配慮があるのかもしれませんが、残念に思います。

源信→源空→親鸞とつながり、それが覚如《かくにょ》や蓮如《れんにょ》らに伝わり、大河のように連綿と流れて「我が師の恩」が今に受け継がれている。だからこそ、私たちは信徒ではなくても、「南無阿弥陀仏」といえば感覚的に阿弥陀仏におすがりするということがわかるわけです。そこまで一つの思いが受け継がれていること自体、すばらしいことだと思います。

98　皆受自然虚無之身無極之体

往生《おうじょう》というは、『大経《だいきょう》』には

「皆受自然虚無之身無極之体《かいじゅじねんこむししんむごくしたい》」

とのたまえり。

浄土に生まれるというのは、『大無量寿経』には、「すべての者が、きわまりなく優れたさとりの身を得る」と説かれています。

（教行信証）

親鸞は往生について、これこそ自分が言いたかったであろう「**皆受自然虚無之身無極之体**」という言葉を『大無量寿経』（大経）から引いています。ですから、これは親鸞自身の言葉と言い換えてもいいものです。すべての作為を超えて、色も形もない身体、それが往生によって得るさとりの身体というものだと説かれています。

「**虚無之身**」「**無極之体**」という言葉から、野口三千三《みちぞう》さんの野口体操を思いうかべました。野口さんは、どこかを揺らすとムチのようにすーっと動きが伝わっていく身体が自然ないい身体としています。その教室に参加し、上体ぶら下げという体操をしたことがあります。前屈のように一・二・三でやるのではなく、ふうっと息を吐いて重力に身をまかせてほぐしていくと、ずるずると伸びていって、ぺたっと手のひらが地面に着くのです。野口さんの言う地球の中心の声を貞《き》いて重力にまかせるというのも、宮本武蔵が『五輪書』で言うところの「惣体自由《そうたいやわらか》」（水のように自在の動きを獲得すれば、身心ともに人に勝つことができる）というのも、イメージとしてさとりの身体に似ているところがあります。

私たちの苦難がわけへだてや分別する心に起因するなら、その束縛から解放されて自由自在な身心を得る、つまり「分別がない」ことがさとりということなのかもしれません。それは空《くう》の境地を説く『般若心経』にも通じます。私たちは無分別を「思慮がなく軽率な」という意味に用いますが、仏教の世界ではまったく逆の意味で使われているのです。

99　百重千重囲繞して　よろこびまもりたまうなり

南無阿弥陀仏《なむあみだぶつ》をとなうれば
十方無量《じっぽうむりょう》の諸仏《しょぶつ》は
百重千重囲繞《ひゃくじゅうせんじゅういにょう》して
よろこびまもりたまうなり

南無阿弥陀仏をとなえれば、
十方の諸仏は、
念仏の行をおこなう者を
幾重にもとりかこんで、
喜びまもりたまう。

（浄土和讃）

100　南無阿弥陀仏はすなわちこれ正念なり

称名《しょうみょう》はすなわちこれ最勝真妙《さいしょうしんみょう》の正業《しょうごう》なり。正業《しょうごう》はすなわちこれ念仏《ねんぶつ》なり。念仏《ねんぶつ》はすなわちこれ南無阿弥陀仏《なむあみだぶつ》なり。南無阿弥陀仏《なむあみだぶつ》はすなわちこれ正念《しょうねん》なり。

阿弥陀仏の御名をとなえること（称名）はもっとも優れた正しい行業《ぎょうごう》（正業）です。正業はすなわち念仏です。念仏はすなわち南無阿弥陀仏です。南無阿弥陀仏はすなわち信心（正念）です。

（教行信証）

弥陀の御名をとなえて、そのはからいによりたのめば仏の救いにあずかる。そのありがたさを心に念じれば、おのずから「南無阿弥陀仏」と口をついて出てくる。それが信心というものなのだと、親鸞は説いています。

自力でとなえるのが念仏ではなく、「ありがたや、ありがたや」と思えば自然と「南無阿弥陀仏」と口をついて出てくるというわけです。

親鸞の師の法然聖人は「**一切衆生をして平等に往生せしめんがために、難を捨て易を取って本願としたまえる**」と言っています。

これまでにもふれたように、誰もが均《ひと》しく往生するには易《やさ》しい行《ぎょう》でなければならないという基本があっての念仏ですから、念仏をどれだけとなえたかとか、念仏をたくさんとなえた報いとして信心が得られると考えるなら、自力本願でしかありえません。

そうした自力のはからいを捨てて、本願のはたらきにおまかせするのが他力本願です。

今、「自分探し」ということがさかんに言われますが、じつは阿弥陀仏のほうが迷える私たちを広く救うために探してくれているのです。

念仏を心に入れて上機嫌に歩む

たった六字が持つ力

私が読書感想文コンクールの選考委員をしていたとき、とても上手にまとめている高校生の感想文を一位に推薦しようと思ったのですが、どうしても心にひっかかる感想文がありました。

それは、小学二年生の子が書いた、おとうとロボットの物語についての感想文です。この話を読んで弟に対する見方が変わったという心情がじつにこもっていて、結局、その子の感想文を一位に推しました。

その子の感想文は論旨も微妙にずれていて、けっしてうまくありません。親が手を入れた形跡もまったくありません。けれども、そのつたなさを含めてその子の薦めた本が一番読みたくなったのです。つたなくとも、一番大事な何かを伝えている。核心をとらえている言葉は人の心を動かします。

親鸞はつねに信仰の核心をずばり説いています。

親鸞の説く信仰の核心は、「思い立つ心」にあります。ある瞬間に、目を開かれるような出会いがあって、そのときの気づきの感動を忘れないで感謝しつづける。思い立つ瞬間があったなら、それが信心のスタートであり、いわば達成でもある。徐々に積み上げていくのとはちがって、あるときぱっと霧が晴れるように見えてくる瞬間がある。親鸞の説く信仰は、そうした光の射し方にあります。

しかも、思い立つ瞬間をもたらすのが、たった六字・七音の「南無阿弥陀仏」です。その六字・七音の念仏をとなえることで、自分は救われた、往生を遂げることができるのだというふうに感得した、その出会いの瞬間の心の状態を繰り返しよみがえらせることができるのが「南無阿弥陀仏」が持つ力です。

しかし、私たち凡夫はそうした出会いの瞬間を経ても、疑いの気持ちが湧いたり、愚痴を言ったり、人を恨んでみたりといった気持ちになることがあります。

そのように雲がかかるときがあったとしても、心の底に光があるかどうかで大きくちがってきます。

心に太陽が出た、自分は太陽を持ったというのが信心を得た瞬間の感動ですから、闇の中を歩くのとは根本的に状況がちがいます。

柳宗悦は、かつては南無阿弥陀仏の六字を刻んだ石碑が見当たらない地方はないくらいであったが、移り変わりの激しいこの世である。とりわけ知に傾く教えは、多くの者を懐疑《かいぎ》に導いてしまった。それがために、六字の不思議さに心を注ぐ者は日に日に衰えてゆく。だが、これを棄《す》ててしまってよいものか、少なくとも幾千万億の霊《たましい》が、この六字で安らかにされたという事実を棄てることはできない、と言っています（『南無阿弥陀仏』岩波文庫より抜粋）。

言葉を身心に刻む

高校の体育館で全校生徒五百人ほどを相手に講演をしたとき、『平家物語』の那須与一《なすのよいち》の場面を音読しようと提案したことがありました。「南無八幡大菩薩……願わくはあの扇のまンなか射させてたばせ給え。これを射損ずる物ならば、弓きり折り自害して、人に二《ふた》たび面《おもて》をむかうべからず。……」という、『平家物語』のなかでも有名な場面です。

「みんな、大きな声を出してやってみよう」と呼びかけたのですが、なかなか大きい声が出ないんです。

じゃあ、起立して、おなかから声を出して、私がいいと言うまで何度でも同じところをやろうと、覚悟を決めさせてやったら、最後には迫力をもって読めました。こんなふうにちゃんと読めると、那須与一の気持ちがぐっと身心に入ってきます。

いいかげんに形だけやればいい、声だけ出しておけばいいという安易な気分をいま一度立て直すと、気持ちもぐっとついてくるのです。

これと同じように、親鸞の言葉のように核心をついた力のある言葉は、自分の身に刻むように音読することで、力を得ることができます。

親鸞の言葉には、「そう言われてみるとなるほど念仏をとなえるということの意味がわかる」とか、「他力ということが本質なんだとわかった」といった、気づきを引きおこす力があります。

ですから、まえがきの「親鸞との対話」でも言いましたが、親鸞が一対一で自分に静かにやさしく語りかけてくれている。一緒に歩いていろいろなものを見ながら、「あの考え方はちがうね、そうではなくて、こうなんだよ」というふうに語りかけてくれている。偉大な人物にもかかわらず、えらぶらないで大事なことをすっと言ってくれている。そうしたイメージで声に出して読むと、深く身心に刻むことができます。

親鸞と出会う

気づきを引きおこす言葉に出会ったとき、そこに一人の人物が立ち現れ、やがて心に住まうようになります。親鸞のような思想家、宗教家を心の中に住まわせることは、生きていくうえで一つの拠《よ》りどころになります。

親鸞は富士山のように単独峰として屹立《きつりつ》しているわけではありません。いわば連山・連峰の一つです。もちろん、そのなかで群を抜いて高い山であることは言うまでもありません。

親鸞が連山・連峰の一つと言ったのは、私たちが今こうして親鸞の言葉に出会えるのは、師（よき人）である法然聖人（源空）との出会いがあったればこそです。親鸞は法然聖人の言葉をその身に刻むことで、絶対に消えることのない光を得ています。

法然は源信の考えに出会い、親鸞は法然の考え方に出会ったことで、信心というものが何かわかって、その覚醒の感動を弟子たちに伝えていく。ただ伝えるだけでなく、すべての人が救われるような考え方へと教えを磨きあげていきます。

そして、唯円は親鸞に出会い、唯円の弟子は唯円に出会い、その弟子はまた……と、そこで発せられた言葉が今に生きている。法然と親鸞の出会いがなければ、親鸞と唯円の出会いがなければ、このような言葉は生まれていませんし、その考えを知る機会もなかったわけです。

そのような考え方を知る機会を失ってしまったという以上に、言葉そのものに出会うことができなかったとしたら、おそらく、私たち日本人にとって非常に大きな損失であったでしょう。親鸞の言葉が伝えられたおかげで、親鸞と出会うという感覚を私たちは持つことができるのです。

弱さに徹する

親鸞の思想は、日本人の感覚に合った思想です。それは親鸞の魅力が、やさしさにあるからです。宗教家として革新的なものの見方をしていますが、私が思い描く親鸞像は、どこかやさしさに満ちています。

親鸞は、修行を積み重ねることによって救われるのではなく、「ちっぽけな自分がどんなに修行したところで知れている。阿弥陀仏の大きな力によってのみ救われる」と「まかせる」ことが一番重要なカギだと言っています。宗教エリートのための教えではなく、修行を積む余裕も力もない多くの衆生のための救いの教え、それが他力本願の教えだからです。

自分の弱さを自覚してまかせることによって落ちつくという他力のあり方は、押し出しの弱いタイプの民族である日本人は、なじみやすいのではないでしょうか。厳しい修行を積んで出直して来なさいと言われたら腰が引けてしまうにちがいありません。

運動が得意でない子がいたとして、得意でないことによって、むしろその技の価値が高まることがあります。

運動神経のいい子、センスのいい子は、自然にいい動きができてしまいます。ところが、自分は運動神経がよくないと思っている子にとっては教わる「技」がより大切になります。たとえば水泳で、ある泳ぎ方を教わるとします。自分は運動神経がよくないと思っていますから、泳ぎの技にすがって、その技を徹底的に身につけようとします。その結果、結局はふつうの子よりも速く泳げるようになることがあります。

他力本願とは阿弥陀仏のはからいにおまかせすることですが、自分の弱さ、自分に欠けているものを自覚していればいるほど、すがろうとする思いも強くなります。そう考えると、弱さを嘆いたり、恥ずかしく思う必要はありません。自覚をもって大いに弱さに徹すればいいのです。

最後に柳宗悦の「心偈《こころうた》」をとりあげます。

「月一ツ　水面《みのも》ニ宿リ　百千月《ももちづき》」——月は一つでも、あちこちの水面に月は映る。一がただちに多であり、多であって一に帰る。これは慈悲の月にたとえられる。どんな小さな罪深い者にも、その慈悲の光は宿ることを忘れない。あの小さな露の一しずくにも月の光は宿るではないか。

阿弥陀仏の救いを信じて念仏する人は、なにものにもさまたげられず、あらゆる障害のない一筋の道を晴れ晴れと歩んで行くことができるのですから、「小さな露の一しずく」のように弱い自分、愚かな自分にも阿弥陀仏の光はくまなく届いていると一心に信じて、晴れ晴れと、上機嫌に人生を歩んでいきたいものです。

一寸先は闇。先のことは誰にもわからない。世界は自力とは別の不可思議な力で動いている。

今この文章を書いている二〇二〇年五月三十一日現在、新型コロナウイルスとの戦いの中で、日本中、いや世界中が、このことを骨身にしみて痛感しています。不条理な状況に投げ出された感覚は、生きる覚悟を呼び起こします。もちろんできるだけの努力はしますが、不可思議な不透明さの中を生きていく覚悟は必要です。他力の信念は、覚悟へと導いてくれます。

納得できないことが身に降りかかったとき、つらい経験をしたときにこそ、親鸞の言葉が救いになる。

この確信は、哲学者西田幾多郎の「我が子の死」という随筆を読んだときに強められました。幼い娘を亡くした悲しみをどうしたらいいのか。西田幾多郎は、親鸞の言葉に救われます。

〈いかなる人も我子の死という如きことに対しては、種々の迷を起さぬものはなかろう。あれをしたらばよかった、これをしたらよかったなど、思うて返らぬ事ながら徒らなる後悔の念に心を悩ますのである。しかし何事も運命と諦めるより外はない。運命は外から働くばかりでなく内からも働く。我々の過失の背後には、不可思議の力が支配しているようである、後悔の念の起るのは自己の力を信じ過ぎるからである。我々はかかる場合において、深く己の無力なるを知り、己を棄てて絶大の力に帰依《きえ》する時、後悔の念は転じて懺悔《ざんげ》の念となり、心は重荷を卸《おろ》した如く、自ら救い、また死者に詫びることができる。『歎異抄』に「念仏はまことに浄土に生る丶種にてやはんべるらん、また地獄に堕《お》つべき業にてやはんべるらん、総じてもて存知せざるなり」といえる尊き信念の面影をも窺《うかが》うを得て、無限の新生命に接することができる。〉（『西田幾多郎随筆集』岩波文庫）

この文章は、親鸞の言葉の力を教えてくれます。文庫化の機会に、西田の切なる思いを読者の方々と共有することができて幸いです。

二〇二〇年五月三十一日

齋藤　孝

引用・参考文献

『親鸞全集』(石田瑞麿訳、春秋社)
『定本親鸞聖人全集』(法蔵館)
『親鸞全集』(真継伸彦訳、法蔵館)
『真宗大辞典』(岡村周薩編、永田文昌堂)
『教行信証』(金子大栄校訂、岩波文庫)
『歎異抄・執持鈔・口伝鈔・改邪鈔』(石田瑞麿訳、東洋文庫33、平凡社)
『親鸞』(石田瑞麿責任編集、日本の名著6、中央公論社)
『歎異抄　三帖和讃』(伊藤博之校注、新潮日本古典集成46、新潮社)
『教行信証入門』(石田瑞麿、講談社学術文庫)
『南無阿弥陀仏』(柳宗悦、岩波文庫)
『顕浄土真実教行証文類』(本願寺出版社)
『親鸞和讃集』(名畑應順校注、岩波文庫)

＊　本書は、二〇一三年に当社より刊行した著作を文庫化したものです。

＊　『歎異抄』の全文（現代語訳付き）をお読みになりたい方は、小著『声に出して読みたい日本語　音読テキスト③　歎異抄』（草思社）をご参照ください。

＊　「念仏正信偈」「正信念仏偈」「入出二門偈」の現代語訳は引用・参考文献のなかから石田瑞麿氏の訳を用いさせていただきました。感謝してここに記します。

草思社文庫

声に出して読みたい親鸞

2020年8月10日　第1刷発行

著　者　齋藤 孝

発行者　藤田 博

発行所　株式会社 草思社

〒160-0022　東京都新宿区新宿1-10-1
電話　03(4580)7680(編集)
　　　03(4580)7676(営業)
　　　http://www.soshisha.com/

編集協力　相内 亨

印刷所　中央精版印刷 株式会社

製本所　大口製本印刷 株式会社

本体表紙デザイン　間村俊一

ISBN978-4-7942-2463-7　Printed in Japan

草思社文庫既刊

齋藤 孝
声に出して
読みたい日本語①～③

黙読するのではなく覚えて声に出す心地よさ。日本語のもつ豊かさ美しさを身体をもって知ることのできる名文の暗誦テキスト。日本語ブームを起こし、国語教育の現場を変えたミリオンセラー。

齋藤 孝
声に出して読みたい論語

「論語を声に出して読む習慣は、心を研ぐ砥石を手に入れたということだ。孔子の身と心のあり方を、自分の柱にできれば、不安や不満を掃除できる」（本文より）日本人の精神を養ってきた論語を現代に。

齋藤 孝
夏目漱石の
人生を切り拓く言葉

「牛のように進め」「真面目とは真剣勝負のことだ」など、若き弟子たちに多くの意を尽くした励ましの言葉を贈った漱石の現代にも通用する人生の教え。**『夏目漱石の人生論　牛のようにずんずん進め』改題**

草思社文庫既刊

人生練習帳
齋藤 孝

人生を後悔することなく生きていくには日頃から「練習」が必要だ。文豪やトップシンガーが紡ぎだす名言・名句をヒントに人生の予習復習を提案。人生の景色が明るくなる齋藤先生の人生論。

シッダールタ
ヘルマン・ヘッセ　岡田朝雄＝訳

もう一人の〝シッダールタ〟の魂の遍歴を描いたヘッセの寓話的小説。ある男が生の真理を求めて修行し、やがて世俗に生き、人生の最後に悟りの境地に至る。二十世紀のヨーロッパ文学における最高峰。

『自省録』の教え
折れない心をつくるローマ皇帝の人生訓
マーク・フォステイター＝編　池田雅之＝訳

ローマ帝国時代、「いかに生きるべきか」をひたすら自らに問い続けた賢帝マルクス・アウレリウス。その著書『自省録』を現代を生きる人の人生テーマに合わせて一冊に。**『自分の人生に出会うための言葉』**改題

草思社文庫既刊

絶望名人カフカ×希望名人ゲーテ
文豪の名言対決

頭木弘樹＝編訳

どこまでも前向きなゲーテと、どこまでも後ろ向きなカフカ、あなたの心に響くのは？　絶望から希望をつかみたい人、あるいは希望に少し疲れてしまった人に。『**希望名人ゲーテと絶望名人カフカの対話**』改題

死を悼む動物たち

バーバラ・J・キング　秋山　勝＝訳

死んだ子を離そうとしないイルカ、母親の死を追うように衰弱死したチンパンジーなど、死をめぐる動物たちの驚くべき行動が報告されている。さまざまな動物たちの行動の向こう側に見えてくるのは——。

死者を弔うということ

サラ・マレー　椰野みさと＝訳

父の死をきっかけに世界各地のさまざまな葬送を訪ね歩く旅を始めた著者。文化や社会によって異なる死のとらえ方、悲しみ方、儀式のあり方にじかに触れながら、人間にとっての「死」「死者」の意味を問う。

草思社文庫既刊

人は成熟するにつれて若くなる

ヘルマン・ヘッセ　岡田朝雄＝訳

年をとっていることは、若いことと同じように美しく神聖な使命である（本文より）。老境に達した文豪ヘッセがたどりついた「老いる」ことの秘かな悦びと発見を綴る、最晩年の詩文集。

愛することができる人は幸せだ

ヘルマン・ヘッセ　岡田朝雄＝訳

「愛されることより愛することが重要だ」と説くヘッセの恋愛論。幼いころの初恋、壮年時の性愛、晩年の万人への愛――人生のあらゆる段階で経験した異性との葛藤と悩みを率直に綴り、読者へ助言する。

地獄は克服できる

ヘルマン・ヘッセ　岡田朝雄＝訳

自殺願望や極度のうつ症状に終生、悩まされたヘッセが地獄の苦しみともいうべき精神状態からいかにして脱出したか。親、学校、家族、社会との軋轢の中から抜け出すための思考法を体験的に綴る。